紅沙龍

Try not to become a man of success but rather to become a man of value.
～Albert Einstein (1879 - 1955)

毋須做成功之士，寧做有價值的人。 —— 科學家　亞伯・愛因斯坦

ANDRÉ
KOSTOLANY
安德烈・科斯托蘭尼 著
唐峋 譯

vol. 1

一個投機者的告白

|新修典藏版|

DIE KUNST ÜBER
GELD NACHZUDENKEN

目次

第7章 證券交易心理學

第13章　寫給敢做敢為的人

前言　最有自信的投機者

一九九九年二月，安德烈・科斯托蘭尼（André Kostolany）和我開始寫作本書時，我們兩人都知道，這也許是他的最後一部作品。但我的前言竟然成為他的悼詞，卻是我始料未及的。

九月十四日，科斯托蘭尼在巴黎逝世，享年九十三歲。他日漸衰弱的身體已經承受不起腿部骨折所引起的併發症。

但科斯托蘭尼在作品中永垂不朽。包括本書在內，他一生共寫了十三本書，在全世界銷售約三百萬冊。他為《資本》（*Capital*）雜誌撰寫的專欄共刊出四百一十四次，第一次刊登在一九六五年三月號，標題為〈一個投機者的告白〉；最後一次則登在一九九九年十月出刊的雜誌上。他最大的願望是為二〇〇〇年一月號寫專欄。「《資本》雜誌已經保證由我來寫，但是誰又能為《資本》雜誌作保呢？」他以特有的幽默說著。

過去三十五年，他做過無數次專題演講，頻繁出現在電視節目中。但是，不管科斯托蘭尼出現在哪裡，無論是在達沃斯（Davos）經濟論壇，還是在傑威爾人民銀行（Volksbank Jever），在《電子股市》（*Teleborse*）雜誌中，還是在電視節目《史密特秀》（*Harald Schmidt Show*），他總是充滿幽默，見解獨到，是一位孜孜不倦追求理想資本主義的鬥士。

科斯托蘭尼是證券交易所的教父。可是，如果誰希望這位證券教父提供建議，一定會失望的。「不要指望任何建議，」每次演講他都如此開場；沒有建議，建議永遠都是銀行或其他利益團體向大眾兜售股票的手段。在他影響新聞界三十五年的生涯中，最著名的建議，就是告訴讀者到藥局買安眠藥吃，然後買各種國際標準股，睡上幾年。誰若真的聽從，就能體驗他之前預測的驚喜。

他給年輕父母的建議最明智：「把錢投資在子女教育上！」這句話若從別人嘴裡說出，會像可憐巴巴的陳腔濫調，但是由科斯托蘭尼說出，卻有了分量。科斯托蘭尼十八歲時，父母送他到巴黎，在一位私交甚篤的證券經紀人處當學徒。多虧這段學徒生活，安德烈的父母才能在因戰爭和共產主義失去一切後，在瑞士安享晚年。

科斯托蘭尼坐在飛馳過布達佩斯的奧迪Ａ８型轎車裡，建議大家「享受生活」。他始終牢記這一原則，並奉行到生命終點。科斯托蘭尼熱愛古典音樂，欣賞華格納的歌劇《紐倫堡的名歌手》和理查・史特勞斯的歌劇《玫瑰騎士》上百次，他十分高興能認識史特勞斯。欣賞古典音樂，抽上好的雪茄，思索著證券交易，便是他最大的享受。不過後來基於健康的理由，他戒掉雪茄。

我們朋友都叫他「科斯托」，他不僅享受著美好的生活，也享受著他的「工作」。正如觀眾需要他一樣，他也需要觀眾。這讓他安心，並讓他保持年輕。在採訪和討論中，總有人問他怎能這麼有活力，他的回答是做了「心智體操」。但他知道，隨著年齡增長，聽音樂和思考已經不足以對抗老化。他挑戰自我，在一九九八年演講了三十多場，出現在各種電視節目，也接受各種採訪。儘管搭飛機、火車或汽車的旅程，包括最後走到講台的一段路變得愈來愈困難，但科斯托蘭尼「教授」直到最後都沒有坐上主辦人提供的舒適扶手椅。一旦他用雙手牢牢抓住講台，就會光芒四射，接著是一個到一個半小時鼓舞人心、令人興奮和又妙趣橫生的演講，隨後是愈來愈多人起立鼓掌。

在德國，科斯托蘭尼成為兩代股票族崇拜的對象，儘管如此，他卻一直沒什麼名人架子。遇到年輕人索取簽名，他依他們所願，在各種入場券、紙幣或T恤上簽字。

作為證券交易所中的巡迴傳教士（他如此稱呼自己），如果不外出奔波，他會和妻子一起住在巴黎或第二故鄉慕尼黑。在慕尼黑，科斯托蘭尼中午會去希波長廊（Hypo-Passage）的咖啡廳，晚上則去馬克西米連大街（Maximilianstrasse）的義大利餐廳「羅馬」（ROMA），或是「牡蠣地下室」（Austernkeller）。但他認為最好的餐飲在巴黎；除了巴黎，還能是哪裡呢？中午他到馬伯夫路（Rue Marboeuf）的「安德烈之家」（Chez André），這家小酒館有全城最好的牡蠣，餐後甜點是巧克力蛋糕或酥餅。隨後，他去香榭麗舍大道著名的富奎咖啡廳（Café Fouquet's）。從一九二四年起他就是這家咖啡廳的常客。科斯托蘭尼特別喜歡蒙帕納斯區（Montparnasse）的「穹頂」（La Coupole），這是經歷過三〇年代熱鬧日子的餐廳。

自一九一七年以來，科斯托蘭尼就和貨幣及證券交易打交道，從未中斷，但他卻不是唯物主義者，讓他高興的不是在投機中獲利，而是證明自己的觀點是對的。他自信地稱自己為投機者，對他來說，投機是對智力的挑戰。他和金錢保持適當的距離，照他看來，這是成功投機者必備的基本條件。

科斯托蘭尼既不吝嗇，也不揮霍，更不炫耀自己的財富，錢只是達到目的的手段。當他為躲避納粹，不得不逃離巴黎時，錢幫他擺脫危難；金錢還讓他得到最好的醫療，在他生命的最後幾個月裡，他更體會到其中的價值；金錢也令他過上舒適安逸的生活。

如果科斯托蘭尼對某部歌劇或音樂會特別感興趣，他會立刻飛往米蘭，前往史卡拉（Scala）歌劇院，哪怕只是一個晚上。如果能省錢，他也不落人後，他經常把各種主辦單位寄來的頭等艙機票換成兩張經濟艙機票，如此，就多出一張機票。他常說他那麼瘦，占不了那麼寬的座位。

最重要的是，科斯托蘭尼這位世界公民享受到的，就是金錢賦予的經濟獨立性。除了健康，經濟獨立是科斯托蘭尼最重要的財富和最大的奢侈。這種獨立性意味著，只要他願意，就可以做（幾乎）任何事情，說任何話。只要不願意，也可以什麼事都不做，什麼話都不說。

科斯托蘭尼這位專欄作家熱愛他的獨立性，不論是在七〇年代極力反對IOS的詐騙基金中、八〇年代和黃金遊說集團抗爭，還是九〇年代抗拒聯邦銀行和新市場。任何像我如此了解他的人都知道，即使在談話中，他也會像在自己的專欄和演講中那樣，用同樣激烈的言辭為自己的信念而戰。當有記者問他是否願意再回到二十歲時，他回答道：「二十歲？才不，我想回到八十歲，那樣我就有十年時間，可以和聯邦銀行鬥下去。」

早在前社民黨主席奧斯卡・拉封丹（Oskar Lafontaine）之前，科斯托蘭尼就承認：

「我的心在左邊跳。」但他又說：「然而，我的腦袋在右邊，我的錢包卻早已在美國了。」幾十年的證券交易經驗告訴科斯托蘭尼，在經濟生活中，實踐和理論的距離相當遙遠。

本書是科斯托蘭尼的遺作。從一九九九年初，直到去世為止，撰寫本書成了他的工作重心。他在巴黎的寓所裡，全力以赴創作本書，他只欠讀者這篇前言。真是奇怪，為什麼所有作家都在寫作結束後才寫前言。

德國電信公司（Deutsche Telekom）上市時造就的新一代股票族讓科斯托蘭尼特別感興趣。他樂見德國投資人逐漸接受股票，但同時，日益嚴重的賭博狂熱又令他憂慮。科斯托蘭尼希望透過本書來宣揚他對投資和投機的看法，對他來說，這絕不只局限於短線交易、即時交易或停損。

在《結算未來》一書的序言中，他承認近幾年來已經不去證券交易所了，因為害怕上帝發現他，並想著：「什麼?老科斯托還在那裡。他應該上來了，我這裡也等著用他。他的同事已經在等他了，一旁還有專為他留著的座位呢。」但假如有一天，上帝真的把他拉到身邊，同時聽到朋友、學生和讀者說：「科斯托當然是對的！」他會心滿意足。

親愛的安德烈，我希望你已經坐下來，看看最近的股市。你會看到，儘管有些人很悲觀，但是證券交易所仍然繼續證明你的樂觀是正確的。

斯特凡・里瑟（Stefan Risse）

布萊梅，一九九九年十二月

（編按：本文作者斯特凡・里瑟，是本書作者科斯托蘭尼的好友，也是德國著名的財經、股市自由作家）

故事之前的故事

科斯托蘭尼的旅程

一九〇六年，被朋友暱稱為「科斯托」的安德烈・科斯托蘭尼出生於布達佩斯，猶太人，父親是殷實的酒商、議員，有三個姐姐、兩個哥哥，自認為是不甚起眼的老么。

科斯托的父親活躍、大方，經常掛在嘴邊的名言是：「浪費總比把錢送給醫生好！」科斯托生平第一次挨打，就被這樣的父親刷了一耳光。年幼的科斯托隨家人出外野餐，向保母討水喝，只講了一個字：「水」。父親打了他，因為他忘了說「請」字。

一九一四年七月二十八日，奧匈帝國王儲遭刺殺，引發第一次世界大戰，科斯托當時因病臥床修養，聽母親講床邊故事，對家人的恐慌記憶深刻。匈牙利政府為鼓舞士氣，推動「以金換鐵」的活動，鼓勵民眾幫助國家增加黃金準備。學經濟的哥哥為科斯托解釋為何需要黃金，有了黃金可以換外匯，換美元，有了美元可以換物料、武器，逼不得已還可以移居中立安全的美國。這一年科斯托八歲，已然明白美元的價值。七十三年後的一九八七年，他以《美元有何作用？》為名，寫下暢銷書。

十三歲，科斯托隨家人移居維也納，在家庭和外在環境耳濡目染下，深深著迷於歐洲多種貨幣的各種變化，進而利用不同貨幣價差投資獲利，自此上癮八十年沒有停歇，第一次外匯投資的利潤是一〇%。經由學校、女家庭教師和廣播，科斯托學會純正的德、法、英語，修習哲學和藝術史，立志要當散文作家，另一方面則沉迷音樂，第一次聽歌劇與做外匯投資恰巧同步，會演奏數種樂器，與多位著名音樂家維持終生交誼，因為藝術家們相當熱中於金錢遊戲。直至暮年，科斯托依然無法忘情地宣稱：「音樂如宗教一般撼動我的靈魂。」

人算不如天算，科斯托的文學夢、音樂情在十八歲被「摧毀」。父親把他送到巴黎老友處學習股票營生。世界花都無限迷人，科斯托說：「我在巴黎很快失去童貞，帶著朋友逛妓院，但我只是清白的領路人，因為家庭教育不容許我這樣做。」

巴黎時期是未來的證券教父、自傲的世界級投機者建立人生觀、金錢觀的關鍵時刻。科斯托擔任經紀人、交易員，也開始放空投機，立志成為百萬富翁。放空者是終生的悲觀主義者，科斯托蘭尼在這個階段闖下名聲，累積驚人財富，換算今日幣值，年收入逼近新台幣千萬元，但他表示這是九十三年人生中最晦暗的時期；「眾家稱好，獨我

看衰」的精準判斷，使科斯托每戰皆捷，但擁有財富買不來快樂，因為「如果你所有的親友只要有杯咖啡就滿足了，而你獨自享有更奢侈的魚子醬或香檳酒，這樣並不能帶來幸福」。

二次世界大戰前，科斯托因為交遊廣闊、嗅覺敏銳，在希特勒逼近巴黎前變賣家產逃往美國，所有家眷也在陸續安排下逃過迫害，散居歐陸各地安度餘生。雖然遠離戰場，科斯托更加琢磨他備受稱譽的國際眼光，在充滿錢味的美國，進行所謂的「環球旅遊型」套利投資工作，利用不同價差、時間差、幣值差，在各種金融產品之間轉換買賣。經歷戰爭和半世紀金融危機，領悟政治和投機、投資永遠脫不了干係，放眼全球市場和標的物，成為大開大闔、以眼光和決斷為工具的大投機者，成敗、輸贏只是淬礪的結果，金錢，可以是一場遊戲。這個醒悟造就一個自我挑戰的「遊戲者」，而不是國際大炒手。

科斯托用一個故事解釋自己所擁有的判斷力。年輕時學開車，駕駛教練告訴他，再怎麼學，他一輩子也開不好車。科斯托非常驚訝地問：「為什麼？」教練說：「因為你的眼光總是在引擎蓋上，你要抬起頭，看著遠方三百公尺的地方。」經此點化，爾後他的開車技術判若兩人。同樣的道理，科斯托也奉勸所有經濟學家，抬起頭來看著遠方，不要只是喋喋不休爭論明年的經濟成長率是否相差一個百分點。但作為投機者，他認為國家經濟無所謂好壞，情勢好、情勢壞，投機者都要承擔一樣的風險。

五〇年代科斯托延宕已久的文學夢有了一個轉機，他開始創作，為報紙、雜誌供稿，闡述他最內行的國際政治、經濟情勢分析；六〇年代起針對證券、貨幣等各類金融議題出版書籍，《這就是股市》（*Si la bourse m'était contée*）一書被翻譯成七國語言，包括日文在內，還被改編成電影，自此躋身暢銷作家之列近三十年。他與德國經濟評論雜誌《資本》（*Capital*）結緣二十五年，二十五年中只有兩次缺稿；一次因為旅遊國外重感冒，另一次是科斯托蘭尼批評一位媒體人，編輯有所顧忌而抽稿。他在德國、奧地利多所大學擔任客座教授，成為青年導師，在咖啡館設立講座，不斷教導青年朋友：在股票市場上成功，不是靠計算，而是思想，用腦子思考。匈牙利創辦證券交易所時，科斯托榮膺榮譽主席。

集財富、名聲、優雅、溫情於一身，科斯托的評論老練火辣，市場派的歷練使他經常嘲諷科班出身的學界、業界人士。超過十年的經紀人資歷，科斯托的結論是：太平盛世，股票經紀人才有飯碗；好的經紀人要能喚起他人想賺錢的興致。還有：得到客戶不難，難的是留住客戶。他認為任何一個投資股票的人，一生之中遲早要當上一次投資專家，因為總會對一把的，要一直保持贏面其實難得多。

一九九四年，科斯托接受德國電視二台《世紀見證》節目專訪，被問及他到底算是哪個國家的人，向來幽默風趣的他給出這樣的答案：

出生匈牙利，住在法國，持美國護照，在德國工作；進一步而言，我以十個城市為家：紐約、倫敦、蘇黎世、維也納、威尼斯、日內瓦、蔚藍海岸（法國）、慕尼黑、巴黎。祈禱時，和仁慈的上帝講匈牙利語，與年輕同事和朋友講法語，和學生朋友講德語，跟銀行打交道，嗯，講英語。

一九九九年，人類史上豐華的二十世紀即將暫時寫下句點，見證百年金融發展、備受讀者喜愛的狂狷智者安德烈・科斯托蘭尼寫下人生的最後著作《一個投機者的告白》，為自己九十三年的人生驕傲地下了結語：「我是投機者，始終如一！」

科斯托是天主教徒，相信上帝，在他認為，他人生兩次大破產、一敗塗地，都經由上帝之手而挽回，一個真正的投機者就像不倒翁，受了任何挫折都要趕快站起來。他與《資本》雜誌約定，二〇〇〇年一月號要寫一篇專欄文章，科斯托說：「《資本》雜誌已經保證由我來寫，但誰又能為《資本》雜誌作保呢？」

《資本》雜誌沒有得到上帝的允諾，安德烈・科斯托蘭尼失約而去，病逝巴黎，留下財富給繼承者，留下典範給所有的讀者。

文學大家波赫士寫道：「人生，是一句引用句」。這就是科斯托蘭尼留下的引述材料，一個投機者的旅程。

（編按：本文取材自科斯托蘭尼十三本著作及中國海南出版社二〇〇一年出版《一個投機者的智慧》）

這張照片是我的真實寫照：
打字機前的記者，嘴中叼根大雪茄，享受生活的人。
把這些統統加起來，就成了我的青年時代。
牆上是曲線圖——預示著我的將來與股票有著不解之緣。

第1章 金錢的魅力

從亞里斯多德到聖方濟（貧窮的倡導者），從馬克思再到教宗若望・保祿二世，許多思想家不斷探討一個問題：從道德上來看，追求金錢是合理，且值得稱許的嗎？顯然，他們的看法從未一致過，但所有人又擺脫不掉金錢及其影響。有些人對金錢深惡痛絕，有些人受到金錢的誘惑。古希臘悲劇詩人索弗克勒斯（Sophokles）看到金錢顯現的惡，而法國小說家左拉（Émile Zola）卻在我最喜歡的小說《金錢》中問：「為什麼金錢要對其所導致的骯髒行為負責？」對於這個問題，不可能有客觀的評斷，因為每個人的價值觀和物質條件不同。聲稱追求金錢不道德的人，他們的動機多半不是期盼正義，而是出於嫉妒。

無論這個問題答案如何，有一點是毋庸置疑的：追求金錢的衝動是經濟進步的原動力。賺錢的機會釋放了個人的創造性、勤奮和冒險精神。哲學家也許會問，錢或用錢得到的東西，是否真能讓人快樂？有了電腦、電視、汽車，我們就比五百年前的人更快樂嗎？也許不會，因為大家不會留戀自己不知道的事物。但有一點可以肯定，假如沒有促成醫學進步的經濟發展，我今天就不會坐在這裡，在九十三歲高齡時，還能寫著第十三本書，這讓我非常高興。

我並不想斷言，建立在金錢欲望上的資本主義制度是公平的，那是在說謊，但我得承認，這是要不得的好謊言。**資本主義與社會主義的差別很容易解釋，就像一塊切得不平均的大蛋糕，和一塊切得大小均等的小蛋糕**；結果是，大小均等的小蛋糕塊，比大蛋糕上最小塊的蛋糕，還要小很多。

每個人都可以自己決定哪個制度更好，目前這個世界決定支持大蛋糕，大概因為資本主義制度更接近人的天性。事實上，社會主義也無法戰勝人對金錢的欲望。我還記得二次大戰結束後的一九四六年，我去布達佩斯時的情景。在美國，過度發展的資本主義當道，在宴會上，大家只有一個話題：錢。大家在乎的不是你是誰，而是你賺多少錢、擁有多少財產。但我在布達佩斯卻體驗到鮮明的對比。在布達佩斯，大家只談論自己在做什麼，擁有哪些成就。這個人創作了一部音樂作品，另一個人寫了一本暢銷書，還有一位是公認的科學家等。我顯然更喜歡這種氣氛，但一位朋友一語道破：「雖然沒人談錢，但所有人都想著錢。」由於獲得財富的希望渺茫，大家最好避而不談。

自由世界的價值標準——錢

擁有錢的欲望和賺錢的欲望當然不同。有些人享有金錢帶來的快樂。我認識一個人，他最喜歡的消遣是把銀行存款簿上的數字加起來。也有一些人，雖然可以買到很多漂亮、貴重的東西，但卻不這麼做，因為單單能夠買東西的想法，就已經讓他們滿足了。我有位朋友，一提到錢，就會隔著外衣的布料摸著錢包，感覺人生所有的樂趣都濃縮在支票簿裡。另一個人告訴我，每當他在櫃台清點現金，而且收入很多時，他都能感到自己的性欲蠢蠢欲動。

幸好，有人不光擁有錢，還真的去買東西。他們享受生活，不僅滿足於研究菜單，而且享受美食。如果沒有這種人，我們也必須創造出來，否則就要永遠活在通貨緊縮中。詩人約瑟夫・奇士（Josef Kiss）是這種人的代表，一位真正的有識之士，是我心目中匈牙利的海涅（Heinrich Heine，德國詩人）。

奇士靠銀行的津貼為生，一次在去銀行的路上，他在高級食品店的櫥窗裡看到非常漂亮的鳳梨。

「鳳梨多少錢？」他遲疑地問著。

「一百弗林特，詩人先生。」

這我可買不起，奇士想，然後走進銀行。

在回去的路上，他再次經過這家店。這一次，奇士被誘惑打敗，買下鳳梨。碰巧樞密大臣李奧・藍奇（Leo Lanczy），也是銀行總裁，這天上午也在櫥窗外看到鳳梨。下午，他去商店想買鳳梨。

「沒有鳳梨了，奇士先生剛剛買走。」

「原來如此。」總裁說道，然後走了。

當奇士再次去銀行領取津貼，樞密大臣走了過來，調侃他：「您說說，詩人先生，您是不是向我們伸手要了一百弗林特，然後就用這筆錢買鳳梨？」

「總裁先生，」奇士答道：「如果我沒一百弗林特，就買不起鳳梨。現在我有一百弗林特，如果還不可以買鳳梨，那我什麼時候可以買鳳梨呢？」

我問過德國政治家這個問題，他們會批評美國人不喝可口可樂，卻喝香檳酒。

對許多人來說，金錢意味著權力，象徵地位。錢為他們帶來朋友、裝腔作勢的人、羨慕者和阿諛奉承的傢伙，吸引著寄生蟲。他們為金錢著迷，因為他們明白，許多人也為金錢著迷。但是，金錢也能彌補不幸，例如身體殘疾、醜陋等。金錢或許還能安慰有遠大社會抱負，卻因為出身微賤，無法實現理想的人，對他而言，錢可以代替祖先。

在美國經濟繁榮的英雄年代，麥斯威爾（Elsa Maxwell）介紹不被美國上層社會接受的愛爾蘭裔新興百萬富翁給沒落的英國貴族，結果飛黃騰達。透過和伯爵及公爵的交往，新興百萬富翁感到自己和那些美國的傳統富豪階級平起平座，而新貴階級的百萬家財，同時也吸引那些不再富有的貴族。

對其他人來說，金錢意味著醫療照顧、健康和長壽。隨著年事漸高，我愈來愈懂得金錢的價值。但最重要的，金錢讓人獨立，對我而言，這是健康之外最大的特權了。

沒錢的人，必須賺錢。大部分的人為了維持生計，賣力賺錢，其他人是為了擁有金錢或增加金錢，而去賺錢。**哲學家叔本華說過：「金錢像海水，喝得愈多，覺得愈渴。」**

然而，對許多人來說，真正的刺激不是擁有金錢，而是賺取金錢。每當自己投機成功時，我先感到高興的，不是投機賺了錢，而是我和其他人有不同的見解，並且被證明是正確的。玩輪盤賭的人也會沉醉在贏錢時的快樂，但他的第二大樂趣卻是輸錢，因為他要的是緊張刺激，而不是錢。

對知識分子和藝術家來說，賺錢除了有實際好處外，還意味著他的成就受到認可。有的畫家、作家和音樂家天生富有，但他們仍然努力為自己的畫作、書籍和音樂作品爭取最高酬金。我也有過相同的經歷。我的書銷路好時，我對一〇%的版稅並不覺得興奮，相反地，卻對讀者肯花十倍於此的價錢買書而興高采烈。

我有位老朋友，透過經理人買自己太太的畫作，好讓畫家妻子得到正式認可，因為他認為她理所應得。即使是最富有的美女，也會為自己的相片盡可能索取高額酬金，以表明她有多令人嚮往。馬克斯萊茵哈特劇院偉大的女演員莉莉・達娃絲（Lili Darvas）曾對我說：「哎，親愛的安德烈，現在我要打扮得花枝招展，到林蔭大道散步，我要看看，大家肯為我出多少錢。否則每個女人的美麗就沒意義了！」

我和多數人不同，如果女人因為錢而愛上男人，我認為並不可恥；金錢代表他的成就，所以，她才會受到吸引。

百萬富翁需要多少錢？

很多人會認為這個問題自相矛盾，主要看如何定義「百萬富翁」。從前，如果誰擁有十萬金幣，維也納人就會說：「他是有分量的百萬富翁。」百萬富翁不一定擁有百萬財產，而是值得尊敬的富人。

根據我的定義，百萬富翁是指不依賴任何人，以自己的資本，就能滿足自我需求的人。百萬富翁不用工作，既不用在上司面前，也無須對客戶卑躬屈節。這樣生活的人是真正的百萬富翁。要達到這個境界，有的人需要五十萬美元，有的人則需要五百萬美元，依個人的需求和義務而定。對音樂情有獨鍾的人，他們需要的錢比收藏名貴骨董汽車的人少。是單身一人，還是有個大家庭要供養？他妻子有多講究？她喜歡簡樸的衣服，還是皮草大衣和珠寶？或者，她也許愛上自己的銀行帳號，那麼，根據我的定義，她的丈夫永遠不會是百萬富翁。皮草、汽車和珠寶是有極限的，總有一天會飽和，但銀行帳號不同，這是個漏水的桶子。

金錢的兩種極端

錢，屬於狂熱追求金錢的人。他必須對金錢著迷，就像被魔法師催眠的蛇，但又必須和錢保持一定距離。一言以蔽之，他必須瘋狂愛錢，又必須冷靜對待錢。**正像船王歐**

納西斯（Onassis）所言，大家不應跟在金錢後面跑，而是要走向金錢。這尤其適用於證券市場，大家不應該跟著上漲的股價後面跑，而是要面對下跌的股價。

當然，對錢的狂熱也會導致病態的貪婪，或病態的揮霍。有人有花錢的癖好，也有人有不斷擁有金錢的癮。特別是貪婪有時會產生瘋狂的結果。億萬大富翁保羅・蓋提（Paul Getty）是當時美國最富有的人，卻因為要求客人到電話亭打電話而出名。

在我經常光顧的咖啡廳，大家曾爭論誰是全布達佩斯最吝嗇的人，是巴爾幹的菸草大王赫爾佐格男爵（Baron Herzog），還是擁有博物館的藝術收藏家路德維希・恩斯特（Ludwig Ernst），兩人都非常富有，擁有大量資產。大家甚至為此打賭，等著合適的機會，好一勞永逸澄清這個問題。機會終於來了，在一次紅十字會的募捐活動中，一位募捐人同時巧遇他們兩人。他先把募捐盒遞到赫爾佐格男爵面前，男爵心不甘情不願地從皮夾裡掏出面額最小的一枚硬幣，漫不經心地扔到盒子裡。關鍵性的重要時刻來臨了，恩斯特會多給，還是少給呢？恩斯特只想了半秒鐘，就以理所當然的語氣說：「我們是一起來的，這是我們兩個人出的錢！」

更玩世不恭的是位名叫馬叟・費雪（Marcel Fischer）的證券經紀人，他是我中學同學的父親。有一天，在他的小辦公室裡，他聽到代理人激動大嚷著：

「不，不，我們沒錢，我們沒錢。你讓他們離開。」

費雪從辦公室衝出來問道：「代理人先生，你在這裡大叫什麼？」

「綠先生這個叫花子跑來，想向我們募捐。」

「你怎麼打發他的？」

「把他趕走，我說，我們沒錢。」

「你趕快去追他，再把他帶到這裡來，」百萬富翁費雪說。

當代理人追上綠先生時，綠先生還在樓梯間，非常高興老闆想見他，心想，這回也許會得到些什麼。

綠先生走進辦公室，費雪把保險櫃打開，說道：「你看看這些塞得滿滿的抽屜，我的代理人說什麼？我們沒錢？完全錯了。我們有錢，有很多錢，但是我一分錢也不給你！」

藍先生的故事也很有趣，他在咖啡廳向朋友抱怨：「我妻子總是向我要錢。」

為了讓藍先生不再長吁短嘆，一位同事問道：「她要這麼多錢幹什麼？」

「我不知道，」藍先生回答：「我一分錢也沒給過她。」

這些故事的主人翁，從數字上來看，都是百萬富翁，但我相信，過分吝嗇不會成為百萬富翁——不管是從物質，還是從智慧看。過分執著金錢的人，不會投資，因為他害怕失去錢的風險。這正是德國人的問題，他們崇拜神聖的德國馬克，所以讓幾十億馬克躺在存摺上，而聯邦銀行過度吝嗇的貨幣政策，一直妨礙德國創造第二次經濟奇蹟。

成為百萬富翁，意味著獨立，但十足吝嗇的傢伙永遠無法獨立，因為他總是被摳錢的念頭綁住。既不為自己買昂貴的汽車，也不會因為可以隨時買車而高興。對他們來說，單單花錢的念頭都該被禁止。

有揮霍癮的人又如何？他盡情生活、消費一切想要的東西，但同樣也不獨立，因為他花光了所有的錢，不得不持續尋找更多的錢，於是，依賴老闆或客戶，他們是他的財富來源。

對金錢的正確態度，介於這兩種極端態度之間，但光是有正確的態度，並不能成為百萬富翁。

根據我的經驗，有三種迅速致富的可能：

第一：透過帶來財富的婚姻；

第二：透過幸運的商業點子；

第三：透過投機。

當然，大家也可透過繼承遺產或中彩券，迅速成為百萬富翁，但這些方法和上述三種方法不同，都無法控制。

無數女人，也有無數男人，透過婚姻成為百萬富翁，我可以舉出上百個例子。

利用幸運的商業點子成為富翁，目前除了比爾・蓋茲（Bill Gates）外，確實難以再聯想到其他人的名字。憑著一個想法和正確的感覺，蓋茲成功地在三十歲前，成為美國最富有的人。或許，我們會想到沃爾瑪百貨（Wal Mart）的山姆・沃爾頓（Sam Walton），或麥當勞的創辦人。約在二十年前，我的同鄉，天才工程師魯比克（Ernö Rubik）發明了魔術方塊，成為東歐共產陣營的第一位百萬富翁。不過單憑想法還不夠，發明家的智慧還必須和商業頭腦結合。研製出可口可樂配方的藥劑師，在出售這個全球聞名的飲料配方時，只賺了幾美元。

對運用聰明的商業點子獲得財富，我沒有太多可說的，因為我擅長的領域一直是第三種——投機。

我是投機者，始終如一

我曾經投機過各種證券、貨幣和原物料、現貨和期貨，地點在華爾街、巴黎、法蘭克福、蘇黎世、東京、倫敦、布宜諾斯艾利斯、約翰尼斯堡或上海。我投機各種股票、公債，包括共產主義國家的，還有可轉換債券、各種貨幣（不管是固定匯率，還是浮動匯率）、做鞋跟用的皮革、大豆和各種糧食作物、羊毛和棉花、製作汽車輪胎用的橡膠、雞蛋和早餐吃的培根、咖啡和我非常喜歡的可可、威士忌、做領結用的絲綢、各種各樣的金屬（不論是貴金屬，還是非貴金屬）。

但我不哄抬價格，因為我不僅在價格上漲時投機，也在價格滑落時投機。簡言之，我投機各種東西，完全看風向，或視經濟和政治局勢而定；取決於經濟高度繁榮和衰退，通貨膨脹和通貨緊縮，價值增值和貶值，各種時期我都挺過來了。自一九二四年以來，我的每個夜晚都投入證券交易中。

很多新聞記者稱我是股市大師，我一直不敢接受這個稱謂。大師從來不犯錯，而我肯定無法做到這點。我只是一位歲數大、經驗豐富的交易老手。至於明天如何，我也不知道，但我知道昨天和今天發生的事，這就夠了，我的許多同事甚至連這也不知道。**在**

長達八十年的證券交易經驗中，我至少學到一點：投機是一門藝術，而不是科學。和繪畫一樣，大家在交易所中，也必須了解超寫實主義，因為有時會頭朝下腳朝上，和欣賞印象派的作品一樣，永遠無法看清輪廓。我和美國著名金融家、政治家暨四任美國總統私人財務顧問巴魯克（Bernard Baruch）一樣，稱自己是「投機者」。我了解這個名詞中的高尚含義，投機家是有知識、有思想的證券交易者，能夠準確預測經濟、政治和社會的發展趨勢，並且從中獲利。

如何成為投機者？這有點像女子為何從事世上最古老的行業一樣，開始時，出於好奇心，第二階段是因為激情，最後便只為了錢。投機家是種美妙的職業，尤其像我一直停留在第二階段。但我必須承認這不屬於一般人的職業，也不保證成功，這個職業意味著每天都要迎接新的知識挑戰和不斷做心智體操，這是我這種年紀的人特別需要的。

遺憾的是，這種類型的投機者愈來愈少。大多數進入證券交易所的人意在瘋狂賭博，不假思索地炒作來炒作去。長此以往，他們把許多交易所變成賭場。在我之前的書裡，我承認：

做財政部長，我不行。

做銀行家，我不想。

做投機者和股票族，這就是我。

回想當年，美國財政部長的職位我唾手可得。四〇年代初，我生活在紐約，是年輕富有的股票經紀人，為了躲避德軍而逃離巴黎。當我看完這個國家，我感到無聊，不斷看書、聽音樂、看戲已經滿足不了我。於是，我決定找份工作，即使沒有工資也行，因為光靠利息我也活得很好。

加入高盛公司（Goldmann, Sachs & Co.），我覺得是最好的主意。今天，這家公司已有一百三十年的歷史，是華爾街最富有的公司。當時，華特・盛奇（Walter Sachs）這位迷人的老先生熱情接待我，馬上把我介紹給人事部門的主管。我向他們兩人說出自己的願望，告訴他們，我為躲避希特勒而逃離歐洲，隨身攜帶了大量資金，對一個年輕人來說，十分可觀。我說，我並不需要物質上的幫助，只想在像高盛這樣有名望的公司中，和國際金融市場建立聯繫。

這番話決定了我的命運。幾天後，我得到公司的答覆：不！對已經相當富有的年輕人，他們愛莫能助。他們只雇用不惜一切代價向上爬的年輕人。如果我是名窮困、無依無靠的難民，他們也許會接受我。過些日子，他們雇用了另一名年輕人，他後來成為高盛公司的合夥人，他的名字是羅伯特・魯賓（Robert Rubin），現在是成績卓著的美國財政部長，是幾十年來第一位能夠分配預算結餘的人。

這個故事使我想到富有的綠先生。在他還很窮時，曾看了廣告，到維也納應徵教堂輔祭一職。在那個時代，教堂輔祭必須會寫字閱讀，但綠先生是文盲，沒有得到這個職位。難過之餘，他用微薄慰問金移民美國，在芝加哥做生意，然後用積攢下來不多的錢創辦了一家企業，隨著時間發展，公司規模愈來愈大。某家大集團買下他的企業，合約要簽字時，出現了令人驚訝的事：綠先生不會簽名。「老天，」買主的律師說：「假如您能寫會讀，不知會成為什麼樣的人物？」

「很簡單，」綠先生回答：「教堂輔祭！」

我能寫會讀，但只是一名投機者。我從來沒有後悔過。

第2章

證券交易動物園

早在證券交易所出現前，投機就存在了。某些社會主義者認為是資本主義讓人變成投機人士，這種論點完全錯誤。早在聖經裡，便已提過投機行為。

歷史上的第一次投機行為，是埃及的約瑟為法老解夢。約瑟聰慧且具洞察力，從法老七個豐年和七個旱年的夢中，做出正確結論。在好年景時先囤積大批糧食，好在日後歉收的年份投入市場。不過直到今天，大家仍不確定他是否在四千年前就已成為計畫經濟之父，知道儲備餘糧，度過後來的歉收；或只是歷史上的第一位投機家，壟斷商品，藉以日後高價出售。

賭徒永遠不死

在古羅馬，地中海地區的金融中心，也很盛行投機風。人們大規模投機糧食和商品。羅馬帝國的總督加圖（Cato）消滅迦太基的瘋狂政策，讓當時的投機家相當緊張。迦太基是地中海世界的糧倉，大西庇阿（Scipio）將軍的士兵進入被毀的城市，大肆洗劫倉庫和地窖。上千噸的糧食落入羅馬人手中，再加上羅馬本地糧食豐收，糧食價格先出現鬆動，繼而直線跌到谷底。很多投機人士因而傾家蕩產。

當然，歷史上還有許多著名的人物也是投機家族的成員。發現萬有引力，名留千古的牛頓也曾試過股市投機，只不過失敗了，最後，牛頓甚至禁止別人在他面前提到「股市」一詞。伏爾泰曾和女朋友大談有價證券和貨幣，長達幾個小時之久。他也曾投機穀物和房地產，後來，更以投機外匯推手而聞名。德國薩克森公國在王位繼承戰爭期間，曾成立一家銀行，透過發行紙幣資助戰爭。戰爭結束後，紙幣價值下跌了四〇%，腓特烈大帝卻要求把所有掌握在普魯士手中的紙幣，以百分之百的原價兌換成銀幣。伏爾泰讓人到德勒斯登（Dresden）收購這種紙幣，裝在箱子裡走私到普魯士（今天，德國儲戶都提著箱子去盧森堡或瑞士），在那裡透過人頭向德勒斯登索求銀幣。

博馬切（Beaumarchais）、卡薩諾瓦（Casanova）、巴爾札克都曾是狂熱的證券玩家。巴爾札克需要大量金錢來支付自己的生活方式，為此，巴爾札克寫長篇小說、短篇小說、雜文，總而言之，寫一切可以帶來金錢的東西。於是，他也成為投機者，經常到羅斯柴爾德（Rothschild）男爵家作客，聽取投資點子。哲學家史賓諾沙（Spinoza）和經濟學家李嘉圖（David Ricardo）除了學術活動外，也都是狂熱的投機者。

我當然不會錯過二十世紀最偉大的經濟學家凱因斯，在他的肖像下面，英國政府寫下這段文字：「約翰・梅納・凱因斯（John Maynard Keynes）爵士，不用工作而能成功獲取財富。」一九三二年，隨著一九二九年傳奇性的股災，經濟大蕭條盪到谷底，這時，凱因斯大量投資美國股票，接踵而來的景氣復甦，讓他成為非常富有的人。凱因斯是少數在證券交易所中可以賺到錢的經濟學家。

只要人類存在，就有投機和投機者，不僅適用於過去，也適用於未來。如果要我總結投機的歷史，那我必須說，賭徒應運而生，不管他曾經賭過、賺過或賠過，賭徒永遠不死。

每次證券市場蕭條，大家對股票和證交所都感到由衷厭惡，但我堅信之後都會出現新的時期，過去的一切傷痛會被遺忘，大家又像飛蛾撲火般，再次走進證交所。即使他們不是主動上門，證券交易經濟也會從中推波助瀾，第一個當然是金錢這個誘餌。

我常把投機者比作酒鬼，在酩酊大醉後，他會感到難受，在第二天痛下決心，永不再拿起酒杯。但一到傍晚，他便又喝起雞尾酒，一杯接著一杯，到了半夜時，他又像前天晚上一樣酩酊大醉。

大家是否該躋身名人之列，也做個投機者？

基本上，這取決於兩件事，即物質條件和個人性格。關於第一個前提條件，我牢記一條座右銘：

有錢的人，可以投機，

錢少的人，不可以投機，

根本沒錢的人，必須投機。

最後一句當然不完全正確。大家總是需要一定數量的錢，才能開始投機活動，但數量不一定要很多。在股票投資普及之前，德國流行一種觀點，證券交易所只是富人的遊樂場。這種看法完全錯誤。只要誰的看法正確，誰就有可能用滿少的錢，創造可觀利潤。

我說的「根本沒錢」，是指錢少到連私人住宅都負擔不起或無力養老的地步。

如果真的沒錢，首先必須工作。在證券投機失敗後，我好幾次身無分文，甚至欠債，以致被迫重操舊業，做起經紀人和顧問，賺取佣金，以脫離窘境。

根據我的理論，「很有錢」指的是那些已替自己和家庭做好一切準備的人。我指的是子女教育、退休金，如果可能的話，還有私人住宅。如果你這麼幸運，就可以進行投機的智力冒險，試著繼續增加財富。只不過絕不可以沉迷。證券交易所裡沒有輸不掉的財產。大家應該還記得尼克・李森（Nick Leeson），短短幾天時間，他就徹底毀掉名譽卓著的霸菱證券（Barings-Bank），或安德烈・雪鐵龍（André Citroën），他在蒙地卡羅（摩納哥著名賭場區）的賭桌上輸掉自己的汽車公司。

身為一家之主，如果收入和財產只夠買私人住宅和負擔子女教育，就不可以投機。只有長期不需動用的資金，才可以拿去投資，而且要投資一流的股票，絕對避免投機。

投機者必須具備的第二個條件，便是要能自由支配資金。不能到了證券交易所，然後對自己說，今後三年要用我的錢來投機，接著買房子、開公司等。在證券交易所，事情從來不按牌理出牌。如果大家的看法正確，總有一天會得到回報，只是沒人知道在什麼時候。而且，大家不該相信可以透過投機獲得固定收入。大家可能在證券交易所贏錢，甚至贏得大錢，變成富人，但也可能賠錢，賠很多錢，甚至破產，但不可能在證券交易所規規矩矩賺錢。

追根究柢，只有德國人才會認真談論「規規矩矩賺錢」。法國人講贏錢（gagner l'argent），英國人說收割錢（to earn money），美國人說造錢（to make money），而匈牙利人則是「我們到處找錢」。

具備了物質條件後，還必須有投機者的性格。這點毋庸置疑，敢走進證交所大廳，是得具備冒險精神的。證券交易所裡，沒有十拿九穩的勝仗。如果真能保證贏錢，就不會有人為了一小時後要趕到工廠上早班，而在清晨五點起床了。

至於投機者還需要哪些性格，讀者可從本書中找到答案。但我必須先解釋一下，根據我的定義，到底誰才稱得上投機者？因為，並不是所有在證券交易所交易的人都是投機者。

經紀人：只管成交量

當德國新聞電視台報導法蘭克福或紐約證券交易所的情況時，我們可以看到經紀人和交易員大聲叫喊、四處奔跑。可惜，愈來愈多的經紀人和交易員現在都靜悄悄坐在電腦前，說不定什麼時候，原來證交所大廳的獨特氣氛便會消失了。經紀人坐在辦公室裡和客戶洽談，建議客人繼續委託代辦交易，最重要的，是鼓吹他們不斷進行新交易。

經紀人不靠股價的價差賺錢，而是按每筆交易向客戶收取佣金。如果經紀人在一起聊天，他們首先談的是成交量，然後才是趨勢。有人講過一個故事：一位客戶去找經紀人，想聽取一些建議。經紀人使出渾身解數，勸他繼續買進ＩＢＭ的股票。經紀人說完後，客戶才察覺到自己原本是想賣掉ＩＢＭ的股票。「原來如此，」經紀人說：「賣掉——這也不壞！」

可能因為我年輕時做過經紀人，所以我並不特別看重經紀人。他們大都是傻瓜，但為讓證券交易所運轉下去，經紀人的存在是必要的，他們把買主和賣主聚在一起，根據供需確定股價。大家可以如此描述和經紀人的關係，就像美國人對女人的評價一樣：「你不能和她們生活在一起，但離開她們，你又活不下去。」

基金經理：幾十億資金的統治者

第二類職業證券人士是基金經理，包括大型投資公司的基金管理人和資產管理人。他們有動輒幾十億資金，但和證券經紀人一樣，他們不是靠自己的錢，而是客戶的錢在工作。經理人及一群為其工作的分析師，挑出看好的股票、債券或原物料商品，以獲取報酬。整體來看，他們毫無成就，因為只有極少數的基金經理能不斷超越平均指數，獲取更高利潤。

金融鉅子：大莊家

不是每個用自己資金操作的證券投資人都算投機者。

有些資產非常雄厚的金融鉅子，進行幾百萬元，甚至幾十億元的交易。他們總是全力以赴，投入所發起的交易活動，以確保自己獲得多數股權，並策畫併購其他公司。他一旦擁有某家公司的股份，便積極干預公司的管理體系，或解雇看不順眼的管理階層。面對各種激烈活動，他的生活變得十分不平靜。如果他創辦企業，就會到證券交易所去籌措必要的資金。甚至他想掌控的那些公司，也是透過證券交易所取得控制權。他的目標總是集中在特定的交易中，他的買或賣都會導致大地震，影響整個證券市場。

套利者：瀕臨絕跡的物種

套利指的是時間或空間上的投機行為。時間上的投機，指的是今天買，然後過一陣子用更高的價格賣出，或反過來，今天賣掉，以後再用便宜的價格買回來（即放空）。另一種是空間上的投機，指的是同時在一個地方買，另一個地方賣。交易過程中，套利者必須取得超過交易手續費的差價，才會獲利。和傳統的投機者相比，套利者的好處在於沒有任何風險。因為，只有當兩個證券交易所出現差價時，套利者才會委託經紀人進行交易。他事先就知道利潤有多少，因此，套利者必須專注在蠅頭小利上，時時刻刻關注行情。

不過，套利者這類物種今天已經瀕臨絕跡。在現代化的通訊時代中，東京、倫敦、法蘭克福和紐約的所有訊息和資料，皆觸手可及，今時今日，甚至可以透過電腦網路，在自家客廳裡讀取訊息。指數價差微乎其微，幾秒之內，就可迅速敉平。經紀人最多還能利用〇・一%的細微價差，因為除了交易手續費外，他們不用支付佣金。在今天這個時代，獨立的投機者在兩個交易地點間，甚至找不到能夠補足一半手續費的指數價差。

在我當經紀人的年代，情景截然不同。當時，倫敦和巴黎間，套利交易頻繁。上百種有價證券在兩個市場上市，特別是南非的金礦和國際石油公司。當時，套利成功的關鍵在迅速接通電話。誰先接通倫敦的經紀人，或是接通巴黎的經紀人，誰就能套取兩個交易地點出現的價差。某些套利者甚至向女接線生行賄，因當時還沒有自動撥接。他們送接線生巧克力、糖果或香水。有些人甚至邀她們吃飯，和她們談戀愛。這樣一來，便出現了幾樁投機商和女接線生成婚的事。當時流行一首歌，我還記得歌中不斷重複的一句歌詞：「哈囉，可愛的接線精靈，告訴我，現在美元的行情。」

專門從事這種交易的同行都是真正的套利者。但把這個名稱用在一九八六年被揭發、以依凡・伯斯基（Ivan Boesky）為核心的內線交易集團成員上，完全錯誤。一九八七年的電影《華爾街》（*Wall Street*）中，主角戈登・蓋柯（Gordon Gekko）便是以伯斯基為範本。他們雖然取得內線消息，比別人搶先一步，但還只是時間上的投機者，而不是空間上的投機者。

當今最受歡迎、最著名的套利是華爾街和芝加哥期貨交易所之間的套利。幾乎每天你都會在紐約證交所市場報告中讀到為套利而買入或賣出的資訊。運作方式是這樣的：各大券商交易部門的大型電腦一方面不斷監控準普爾五百指數期貨合約的價格，另一方面監控標準普爾五百指數所包含的五百檔個股的價格。如果期貨合約和股票現貨價格之間存在價差，電腦會自動發出買入合約、賣出股票或賣出合約、買進股票的指令。指數套利就像兩條連通管道，將紐約股市和芝加哥期貨市場連起來。這就是一九八七年十月十九日股災的原因。

證券玩家：證交所中的賭徒

有種人，即所謂的證券玩家、賭徒，肯定永不會消失，而且只會愈來愈多，讓我感到遺憾。我之所以如此稱呼他們，乃是因為按照我的定義，他們不配冠上投機者的稱號，雖然一般大眾和新聞記者都以此稱呼他們。證券玩家連最小的指數波動都企圖利用。他在股價一〇一時，買進某種股票，然後在股價升到一〇三時，就賣掉。接著，他再在指數九〇時，買進另一種股票，然後在九一・五時，又再賣掉。

我們假設這條曲線代表某一特定時段內的指數變化。從事短線交易的證券玩家每次

賭徒的路徑：在X到Y之間追逐

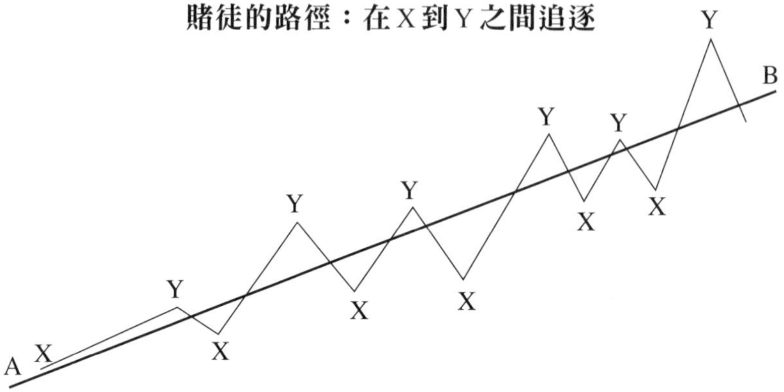

都要在X和Y之間上演一套雜技來獲利（參見上圖）。短期內，他可以獲得成效。如果他只對上漲的指數進行投機，而同時股市也普遍看漲，那他逮到指數上漲的機會就相對大一些。但要逮到在X和Y間波動的正確時機，相當少見。長期來看，玩家遲早會在股價橫盤或下跌時破產。他是賭徒，沒有任何思索分析，沒有任何戰略，舉止就像玩輪盤的人，從一張賭桌跑到另一張賭桌。

每個證券玩家在此都會反駁我的看法，他們當然有圖表和電腦程式，告訴他們必須在什麼時候買進，什麼時候賣出。**但任何一台電腦頂多只和它的程式設計者一樣聰明**。在我近八十年的證券交易經驗中，從未認識過任何長期獲利的證券玩家。

銀行和經紀人總是千方百計想把客戶變成證

券玩家。他們大肆宣傳當日沖銷，透過電腦網路，每位散戶投機家都可以「實時、當日」進行交易。許多在德國電信上市前獲利，卻沒有經驗的投資散戶，都被誘入證券遊戲中。我認為這種行徑難被諒解，而且也不道德。我在《商報》（*Handelsblatt*）上讀到，德國也像美國的證交所一樣，提供交易室，讓從事當日沖銷的人士可以租用辦公。文章中提到一位美髮師辭掉工作，因為她做股票賺的錢比工作時更多。

這些幼稚的投資人相信，在不斷買進賣出的激烈交易中，他們和那些早把證交所變成賭場的大型機構享有相同的機會，不只股市，也包括外匯、原料和債券市場。大型機構用高薪雇用哈佛、聖加倫（St. Gallen）或倫敦經濟學院的畢業生，讓他們用幾十億美元在債券、股票或外匯交易中賭博。特別是外匯市場，更是不按牌理出牌。二十四小時內，上兆美元在全球流通。最多，只有成交量的三％會用於進出口業務的結算和擔保，剩下的全投入這場遊戲中。

幾年前，《國際前鋒論壇報》（*International Herald Tribune*）採訪了兩名最成功的紐約外匯交易員。他們坦承自己不是在一小時，而是在兩分鐘的時間上投機。而他們任職的金融機構，甚至認為這種兒戲值得一玩。一九八六年，我曾在布萊梅對外匯交易員演講。演講結束後，我和一位年輕的女交易員聊了起來，她向我證實，她在一天中把幾百萬美元挪來挪去。

我問她：「妳的獲利目標是多少？」「小數點後第四位。」這就是答案。大家投入一百萬美元，為了賺一百馬克，如果白天多重複幾次，也許就能湊到幾千馬克。這些交易員和他們雇主的想法，和古代匈牙利因謀殺而受法庭審判的流浪漢的想法很像。「僅僅為了兩個金幣就殺死一個人，你難道不感到羞恥嗎？」法官問道，流浪漢深思熟慮後回答道：「可是，可敬的法官大人，這裡兩個金幣，那裡兩個金幣，慢慢就積少成多了。」

我問那位布萊梅外匯交易員，如何決定買還是賣，她的回答意味深遠：「別人怎麼做，我就跟著做。」難道就為了這個，大家必須在世界最昂貴的大學裡苦讀嗎？為了像其他烏合之眾的手段，而在兩分鐘的時間上投機？有一次，我問德國一家大銀行的外匯部經理，他手下的交易員懂不懂貨幣。「我想不懂，」他說：「但這也不重要，他們只需要知道美元十分鐘後的行情。」我問他如何防止兩名交易員在同時間一個做多、一個做空，他解釋說，這不成問題，重要的是，每個交易員最後都賺到錢。我無法證實這點，但我肯定，這些金童多數的失敗紀錄，都被小心隱瞞起來了。

不過，我也要為這些證券玩家說些好話。我十分厭惡他們，但同樣地，我也十分需要他們。對於正常運作的證券交易所，他們有必要存在，假如他們不存在，大家便必須創造出來。玩家愈多，市場愈大，流動資金愈多，也更容易在行情上揚及下跌中，吸收和緩衝市場的震盪。每當某類指數疲軟，都會出現新的買主，保護市場免遭重挫。同樣，當某類指數上漲，也會出現新的賣主，影響市場，抑制行情暴漲。他們就像引擎的汽缸，汽缸愈多，引擎運轉愈順暢。只有透過證券玩家，才能確保大家在每個交易日都能出清持有部位，而不會將價格推低。所以，上百萬的證券玩家完全有必要存在，如果市場上只有買進股票，然後持有幾十年的投資者，市場將會完全沒有流動性。

投資者：證券市場中的長跑選手

投資者和證券玩家剛好相反。他買股票，然後留個幾十年，當成退休金，或當成留給子女或孫輩的財產。他從不看股價，對股價不感興趣，即使股價崩盤，也任由他去。他將資金長期投資於股票，一直投資下去。即使蕭條時期，也不減少股票的投資部位。

投資者把寶壓在績優股上，涵蓋各行各業，遍及多個國家。他不會過度看重或挑選特殊的未來行業，很多投資者根據本國或其他國家的股票指數選擇股票。也因此，指數基金愈來愈受歡迎，過去幾年內，積累了幾十億美元。對投資者來說，投資範圍廣泛的標準股票，即所謂的藍籌股，是最方便的方法。

今天，最大的投資者是美國和英國的退休基金管理機構，他們管理的資金數額龐大，不得不長期持有股票，因為無法在不影響股價指數的情況下出清持有部位。對退休的人來說，這是十分幸運的事，如果基金管理人能重新配置基金，表現肯定不會像現在這樣好。

從另一方面來看，投資者和證券玩家也截然不同。長期來看，證券玩家永遠是輸家，而投資者，不管他何時進入證券市場，從長期來看，都屬於贏家，至少過去一直如此，因為從股市總體情況來看，崩盤之後，總會不斷達到新高紀錄。

我承認，投資者用少量金額，不會在短期內成為百萬富翁。但長期來看，他卻能夠累積出鉅額財產。世界上最著名的投資者華倫・巴菲特（Warren Buffett），透過投資成為美國第二大富豪。儘管如此，大多數的交易者仍然以為只有不斷買進賣出，才能賺大錢。

這幾年來，我也加入投資者陣營。我覺得現在從事投機活動已經太老了。況且，我總是四處奔波，從一個演講會和訪問，到下一個演講會和訪問，還要忙著寫專欄和出書，已經沒有多餘的時間去關心股票了。現在，我持有五百多支不同的股票，也好幾年沒有賣掉任何一支股票，只不過繼續買進一些。

老實說，我建議每位讀者加入投資者的行列。在從事證券交易的人當中，以平均水準來看，投資者的績效最好，因為即使是投機者，也只有少數是贏家。如果我的話夠權威，能讓讀者盲目聽從（但我對此不抱幻想），本書到此也可結束了。但是，「智者」在我們心中蠢蠢欲動，誰能比我更了解投機活動的刺激所在。八十年來，我一直是位精力充沛的投機者，穿梭在全世界的原物料、外匯和證券交易所。正確分析形勢及不同於一般看法的觀點得到肯定，帶給我的快樂，遠比物質上的利潤大得多。所以我想告訴大家，是什麼因素導致一名精力充沛的投機者不同於金融鉅子、投資者和證券玩家。

投機者：有遠見的戰略家

大家也許會說，投機者家便是介於證券玩家和投資者之間。當然，界限並非涇渭分明。不同於投資者，投機者對各種新聞都感興趣，但這並不表示，他會像證券玩家那樣，對任何新聞都有反應。如果投機者對上漲的指數進行投機，但由於某個偶然事件，行情暫時下跌，例如，美國總統心臟病突發（艾森豪總統一九五五年心臟病發），或南美發生地震，這時投機者不會馬上推翻自己的投機理念。只有當消息影響深遠，動搖了預測基礎，推翻原來的假設，才會重新規畫。投機者不在意X和Y之間細微的指數波動，他只跟隨趨勢，即從A到B的直線。有遠見的投機者密切注意各種基本因素，如貨幣和貸款政策、利率、經濟成長、國際局勢、貿易收支、經營報告等，不會受到次要的每日新聞影響。他制定周密的計畫和策略，根據每天發生的事件進行調整。**總而言之，投機者有想法，不管正不正確，畢竟是個想法。這是投機家和證券玩家的基本差異。**

金融鉅子無疑也密切依循自己的策略，也有自己的想法，和他們相比，投機者顯得被動。投機者不會導致指數震盪，只試圖從中獲利，他不會撤換公司的管理階層，只是把這家公司的股票賣掉。何等尊貴的職業！他的想法和古羅馬詩人賀拉斯（Horace）一樣：「遠離生意的人是幸福的。」不用和大眾接觸，不必在做「下等」工作時，弄髒手指，遠離商品和灰塵瀰漫的倉庫，不用天天和生意人爭吵。投機家可以全神貫注，深思熟慮，在繚繞的雪茄煙霧中，舒舒服服坐在搖椅裡，潛心思考，遠離塵世喧囂。他的工具觸手可及，非常簡單，一具電話，一台電視，今天當然還有電腦網路和幾份報紙。但他也有自己的訣竅，他懂得在字裡行間讀出秘密。

投機者沒有雇員，沒有老闆，不必不時笑容可掬向別人問好，也不必像銀行家或經紀人那樣忍受神經質的客戶。他不必遊說別人買東西，他是貴族，可以自由支配自己的財富及時間，難怪許多人羨慕他們。

但投機者生活危機重重，不得不習慣像鱷魚一樣，睜著眼睛睡覺。投機就像一段危險的航海之旅，航行在發財和破產之間。大家需要一艘適合遠航的船和一位熟練的舵手。這艘船指的是什麼？我認為是資金和耐心及堅強的意志。至於誰是熟練的舵手？當然是經驗豐富、能獨立思考的人。巴爾札克在一篇關於〈高雅生活〉的文章裡寫到，世上有三種人，工作的人、思考的人和無所事事的人。真正的投機者是思考的人，但很多人卻認為投機者是無所事事的人。

如果算是職業的話，證券投機者這種職業，一方面像新聞記者，另一方面又像醫生。投機者像新聞記者一樣，靠著自己追蹤收集來的新聞為生。新聞記者撰寫新聞，而投機者分析新聞，然後又必須像醫生一樣，做出診斷。診斷最重要，沒有診斷，醫生就無法進行治療。於是，就像醫生透過各種檢查，仔細研究病情一樣，投機者必須仔細研究世界經濟形勢、利率和財政政策等狀況，得出全貌，做出診斷，接著才知道如何進行投資。如果事情的發展和診斷不同，或用醫生的話說，治療沒有療效時，就必須重新診斷。

三種人當中，只有新聞記者可以一再出錯，還能一直擔任記者一職。如果醫生不斷出錯，總有一天會失去病人，而投機家則會破產。但我還是十分尊重新聞記者，我認為他們的職業非常迷人，所以到了晚年，我也幹起這行。但不容置疑，新聞記者的風險，不能和投機家的風險相比，因為後者的命運更像走鋼索的人。這兩種職業有一共同點，他們知道「只施捨一點，等於沒有施捨」，都要具備敏銳的眼光，受過良好的教育，生活經驗豐富，對所從事的職業有絕對的熱情。有人天生就是投機者、醫生或新聞記者，就像有人天生就是哲學家一樣，哪怕只是不重要的哲學家。

但有一點，投機家和新聞記者，特別是醫生這種職業，是有所差別的。**任何學校都教不出投機者，他的工具，除了經驗外，還是經驗**。我不會用我八十年的經驗，去換取相當於我體重的黃金，反正對我來說也不多。

在這八十年裡，我最寶貴的經驗得自損失慘重的交易。所以我要說，一名證券投機者，如果一生沒有至少破產兩次，就稱不上投機者。證券交易所就像一間黑暗的房間，那些幾十年來一直待在黑暗裡的人，肯定比不久前才進來的人更能找到方向。

虧損和獲利焦不離孟，孟不離焦，而且終生陪著投機者。**成功的投機者在一百次交易中，獲利五十一次，虧損四十九次，他就靠這差數為生**。這種關係也許有些誇張，卻恰當體現我的看法。不過，每次交易上的虧損，同時也是經驗上的獲利。只有仔細分析失敗，才能從中獲利。況且，虧損嚴重的投機活動要比獲利的投機活動更值得分析，這是本質的問題。大家在證券交易市場獲利時，會覺得自己受到認可，感覺飄在雲端，於是體會不到自己還須繼續學習。只有慘敗才會讓人回到現實，這時就必須診斷出錯誤所在。

這是成為成功的投機者而不是經濟學家的唯一途徑。我甚至會說，如果誰學了經濟學，而想進入證券市場，就必須把之前學過的東西徹底忘掉，因為這是一種負擔。經濟學家連預測經濟發展的趨勢都告失敗，又怎能預測股市？過去二十五年中，我在各大學做過無數演講，每一次我都這麼說。當然，講堂裡八〇%的座位上，坐的都是學習企業管理和經濟學的學生。學生把這當成一種幽默，只有某些教授惡狠狠地看著我。接著，我又繼續說：「我知道，教授認為我是江湖騙子。但好的江湖騙子，總比糟糕的教授來得強。」

經濟學家只會計算，不會思考。他們的統計不僅錯誤，也發現不了數字背後隱藏的東西。他們懂得從書本上學到的所有東西，卻忽略其中的關聯。他們的理論早在我那個時代便已失效，更不用說現在了。當我和某證交所的同行聊天，兩句話後，就能發現他是學經濟的。他的論點和分析被禁錮在緊身衣裡，無法掙脫出來。

我不是唯一持這種觀點的人。巴黎證交所中的第二大證券公司，總是把獲得經濟學學位的求職者擱在一邊，理由是他們眼高手低，不僅不會綜觀全局，而且還自以為是。大多數的銀行和證券公司還未有此體認，因此未對他們平庸的表現感到訝異。已經擔任基金管理人、交易員或分析員的經濟學者，我建議他們像我那位亦父亦友的朋友，經濟學教授亞伯特・漢（Albert Hahn）般處事。他過世時留下四千萬美元，對自己投機成功的原因，講得很簡單，但也很實在：「我根本不在意自己當教授時說過的那些蠢話！」

第3章 憑什麼投機？

說到投機，許多人最先想到的是證券交易所和股票，股票已經成為投機和證券交易所的代名詞，反之亦然。我也一再談到和寫過證券交易所或投機的事，指的當然是股票投機。但在八十年的「證券投機生涯」中，我早已不只對股票進行投機。我靠著債券賺了大錢，但我在外匯和原料市場也很活躍，也在有形資產交易中累積經驗。

投機者中的世界主義者，不僅分析和觀察本國的股票市場，也分析和觀察全球發生的事，像國際政治局勢、大規模資金流向、工業大國的內政和外交政策、世界銀行和國際貨幣基金的決議、巴黎俱樂部的債務談判、新的技術發展、巴勒斯坦問題，甚至巴西和中國的天氣。

每當某個地方出現機會，某種商品、貨幣、債券或股票的價格和公平市價之間出現差異，投機者便開始忙碌起來，等候市場在某個時候敉平差異。重大的機會不是每天都有，所以不該只把股票當成投機標的，例如我就曾利用債券做出最成功的投機。

債券：比你所知還重要的標的

債券也稱為利息固定的有價證券，是大多數儲戶印象中的保險投資手段。只要買下有保障的債務人的債券，比方說公債，一直等到債券到期，根本不用冒賠錢的風險。購買債券的人總能以票面價值贖回，而購買時計算好的利息，對債券持有人來說，也是種保障。

但在債券期限內，可能發生很多事情。很多債券的期限長達十年，甚至三十年。這段時間，長期債券的利率有時波動得很厲害，特別是七〇和八〇年代，都經歷過金融市場的強烈震盪。七〇年代，有些債券跌了四〇％，而八〇年代又漲了兩倍。債券（在美國叫 Bonds）是可交易的，所以債券行情會因應當下的利率狀況調整價格。如果貨幣市場利率，例如從一〇％跌到七％，一種票面利率一〇％的債券就會一直上漲，讓買方獲得七％的利潤，就和其他新發行的證券一樣。

證券玩家、大投機家、避險基金、銀行和保險公司，紛紛動用幾十億的鉅額資金對利率變化進行投機。一九九四年，美國加州的橘郡（Orange county）竟然也加入投機，結果很快就破產了。

期貨市場上，投機和賭博所需的賭注極小，當利率只在小數點後第二位數有波動時，投資者就已經獲利了。價值十萬美元的債券，只需兩千美元的保證金就能進行交易。

若想對長期的利率變化進行投機，最好用股票來操作。因為對於債券市場出現的巨大變化，證券交易市場最晚要在十二個月後才會做出反應，這時股票的獲利要比之前債券的獲利明顯多了。

還有一種債券投機方法，我所提最成功的投機，指的就是這種方法。這裡所指的不是有保障的債務人所提供的債務憑證，而是涉及未付清，但已暫停還本付息的證券。我最後一次引以為傲的投機，就是投機這種債券，其中某些債券甚至比我還老。

事情始於一九八九年，蘇聯總書記戈巴契夫和美國總統雷根舉行過多次高峰會，兩強間的緊張關係明顯緩和，當時我有一種預感，戈巴契夫這小子有一天會想向西方強國發行價值幾十億美元的鉅額公債，這筆貸款肯定會被接受，只不過會以俄羅斯至少得清償沙皇時代的舊債為條件。

而且我還確信，從長遠看，俄羅斯人也能支付。俄羅斯是自然資源非常豐富的國家，據我所知，俄國擁有世界總儲量五〇％的煤，三五％的天然氣，還有一百億噸的石油，是世界上鐵和鋁的最大生產國之一。俄羅斯人每年開採一百五十噸黃金，還擁有富含七百萬克拉的鑽石礦層。此外，他們的付款信用堪稱一流，蘇聯總是準時支付所有債務，雖然當時（現在尤其如此）國家缺少流動資金。

於是，我打電話給一位我所認識專門處理這類過期證券的交易員，請他幫我買進一八二二年至一九一〇年間沙皇時代的舊債券。這些債券雖然仍以小額的成交量在交易所流通，但是自從列寧在一九一七年宣布新成立的蘇維埃政府不承擔沙皇的債務後，價格已跌到票面價的〇・二五％至一％，許多債券根本已經隨著舊報紙扔進垃圾堆了。

第一次的成功在一九九一年就來了。當時還是總書記的戈巴契夫在巴黎和法國總統密特朗會談時，正式承認這些債務。隨後，沙皇時代舊債券的交易便快速運轉。隨著交易活絡，這些債券迅速攀升至一二％，即用六十法郎買到票面價值五百法郎的債券。儘管如此，我並未指望得到現金還款，也從來沒這樣想過。但是我想，為什麼不趁低價入手，將之換成新的債券或私有化企業的股票呢？幾年過去了，蘇聯解體，戈巴契夫被歷史的風暴捲走了。

一九九六年，我的預感實現。「一切都在生活中應驗了，甚至包括大家所希望的一切，」法國哲學家班哈德・勒・波維耶（Bernhard le Bovier de Fontenelle）曾經說過。

俄羅斯希望在歐洲債券市場上發行二十億美元的鉅額公債，但法國政府要求俄羅斯在此之前，必須找到沙皇時代舊債務的解決辦法。這些債券一百年前在法國出售，其中大部分還一直掌握在繼承自父母或祖父母的法國儲戶手中。多年來，法國人的要求一直沒有結果。但是現在，他們有了施壓的武器，可以發揮作用了。

一九九六年十一月二十七日，俄羅斯總統在巴黎簽署合約，規定賠償二十億法郎，這意味著每張為五百金法郎的債券，大約要賠償三百法郎。對法國儲戶來說這並不夠，他們算過，按金法郎計算，連本帶利，每張債券價值兩萬法郎，但對用每張五法郎買進債券的我來說，意味著幾乎獲利六十倍。

債券分四期還清，俄國人已經支付了兩期，每次我都吃魚子醬，喝伏特加酒來慶祝。我曾經寫過，舊俄羅斯有不少出身低微的女舞蹈演員，後來飛黃騰達成為女公爵。現在，沙皇時代的舊債券也讓人嘗到這種成就。

也許有人會問我如何有這種預感，我想用一件趣聞，來回答這個問題。當我還是年輕人時，曾經學過開車，汽車教練跟我說：「你永遠學不會開車！」「為什麼？」我吃驚地問。「因為你總是盯著引擎蓋。你應該把頭抬起來，看前方三百公尺的地方。」從那以後，我坐在方向盤前，就變了一個人。在證券交易所裡，大家也必須如此。

過去幾年中，如果有人問我是否在所謂的新興市場中投機，我總是回答：「是的，在沙皇時代的舊債券上投機。」大多數投資者和基金管理人認為這是老生常談，我從他們臉上看得出來。只有坦伯頓公司（Tempelton）的新興市場投資專家莫比爾斯（Mark Mobius）對此感興趣。我在法蘭克福的一個會議上遇見他，幾個星期後，他打電話到我的辦公室，向我打聽在哪可以買到這些債券。他是否真的做了，我不知道，但我敢打賭沒有哪位經濟學者和基金管理人會有這種想像力。

我很容易相信這種預感，因為我已經有過投機貶值公債獲得成功的經歷，那是我在戰後購買的德國青年債券。德國戰後成為一片廢墟，根本無力償還，但我相信德國人的美德和總理艾德諾（Konrad Adenauer），我堅信德國總有一天能夠清償債務。

艾德諾是偉大的政治家，比我原先期望的還要偉大，因為他償還用法郎計價的青年債券時，是比照美元和英鎊的。法郎在戰爭期間徹底貶值，艾德諾預見到德法之間的友誼，他說：「我付給英國人挺升的英鎊，付給美國人挺升的美元，不能付給法國人貶值的法郎！」對我來說，這句話意味著一百四十倍的金錢。

外匯：過去比現在更有意思

一九二四年春，我的父母到巴黎短期休假。我們住在布達佩斯，只要我父親在巴黎，總不忘去看望他的老友亞歷山大（Alexandre）先生，他是巴黎證券交易所的經紀人。亞歷山大也向父親打聽孩子們的近況。當他們提到我時，我父親告訴他，小兒子安德烈正在學習哲學和藝術史。亞歷山大先生近乎吃驚的問著：「什麼？幹什麼呢？他想當詩人嗎？你讓他到巴黎來找我，他能學到更多東西！我還要給你一個建議，」他說：「你可以對法國法郎走貶進行投機。」第一個建議太棒了，第二個建議則不太好。

對法郎進行投機的主意，並不是亞歷山大想出來的，這種投機的始作俑者是曼海姆（Fritz Mannheimer）和卡斯提裘尼（Camillo Castiglioni）。曼海姆是通貨膨脹時期的幸運兒，一九一八年戰爭結束後，他們利用徹底貶值的德國馬克發了財。

曼海姆來自斯圖加特，是位殷商之子，一九一四年之前，曼海姆就在巴黎一家專對俄國做出口貿易的公司學習銀行業務。戰爭爆發後，他回到德國，和德國銀行建立聯繫。戰爭剛結束，銀行將曼海姆派往阿姆斯特丹，即當時中立國最重要的金融市場所在，擔任德國馬克外匯市場國際銀行業務專家。在馬克貶值那幾年，曼海姆的任務便是利用靈活的外匯交易維持德國馬克。就這樣，他成為阿姆斯特丹的大經紀人，非常成功，當德國馬克幾乎跌到一文不值時，曼海姆卻為自己賺進大筆財產。德國馬克的崩潰，當然不是曼海姆的錯，有許多其他因素，但他卻從中獲利。

幾年後，曼海姆用賺來的錢成立柏林孟德爾頌公司（Mendelssohn und Co.）的荷蘭分公司，同時，他也成為法國和比利時政府的銀行家。身為當時阿姆斯特丹重要金融市場上的無冕之王，他讓我這個初生之犢，留下深刻印象，那時，我還無法預見到他悲慘的結局。曼海姆在第二次世界大戰爆發前幾個星期去世，兩天後，他的銀行宣布破產，是當時最大的破產案。

和曼海姆一起進行法郎投機的同謀是卡斯提裘尼，一位特利斯特城（Triest）猶太拉比之子，也是奧地利通貨膨脹時最有名的獲利者。一九一四年之前，卡斯提裘尼擔任新得利（Semperit）輪胎廠的業務推銷員，戰爭結束後，卡斯提裘尼發現貨幣貶值可能帶來的巨大機會，而且充分利用這一機會。他在奧地利以貸款方式購買資產，不管價格，也不管哪類商品，然後再用一錢不值的鈔票來償還這筆債務。

這段期間，卡斯提裘尼成為維也納的傳奇人物，大家都知道他。我還清楚記得，大約在一九二二年前後，我們經常一起去維也納附近的賽莫林（Semering）避暑。那時，只要他一走進火車站的大廳或飯店餐廳，都會見到人們湊在一起交頭接耳，滿懷敬畏之心，竊竊私語著：「這就是卡斯提裘尼。」他享受生活，就像王侯一樣，住在漂亮的歐根王子大街（Prinz-Eugen-Strasse）上的城中宮殿，大街拐角就是羅斯柴爾德宮（Palais Rothschilds）；他還是藝術活動的贊助人，收藏許多珍貴名畫，首次薩爾斯堡藝術節就是他贊助開辦的。

儘管有過成功，但卡斯提裘尼一生，還是像一般投機者那樣，以戲劇性的失敗告終，並把數百個和他一起投機的人和外匯玩家一起推入深淵。導致這次毀滅的，正是他和朋友曼海姆一起針對法郎貶值的投機。

這場失敗的法郎戰役，一直是外匯投機史上一段十分有趣的歷史。

卡斯提裘尼的工作人員內爾肯（Nelken），幾年前曾對我說明這次的投機計畫。一九二四年二月，曼海姆到維也納，在卡斯提裘尼家作客，席間，卡斯提裘尼對曼海姆說：「我們做筆法郎生意吧！絕對十拿九穩。德國馬克和克朗的情形，肯定會在法國重演。法國雖然勝利，卻輸掉了戰爭，早已失血殆盡。這個國家雖然擁有黃金，但是經濟已經垮了，法郎無法維持下去，我們一起放空一億法郎，我還可以再借一億法郎，把付款期限延後幾年。」

雖然曼海姆開始時有所保留，但最後還是和卡斯提裘尼攜手合作。後來，又有其他銀行家和來自阿姆斯特丹、瑞士、維也納及各地許多金融中心的投機者加入，形成投機法郎貶值辛迪加（Syndikat，壟斷團體）。

大家在巴塞爾（Basel）、阿姆斯特丹、日內瓦、馬德里、紐約和倫敦，以三個月或六個月的期貨瘋狂賣出法郎，並竭盡全力大借法郎，用來購買美元、英鎊及外國股票（金礦、國際石油股等）。同時，全世界媒體正在散布法國金融狀況的警訊。聽到這些消息，連法國民眾也擔心自己的儲蓄，起而購買外國證券，加速法國資金出口，反過來壓低法郎行情。

如此引起連鎖反應，法郎下跌，悲觀的情緒蔓延，而悲觀情緒又導致大家繼續出售法郎，短短幾個月內，在巴塞爾，一法郎從折合三十瑞士生丁，跌到低於二十生丁。法郎的警訊迅速傳播，特別是在維也納，維也納的銀行家鼓勵大機構就像小「賭場」一樣投機法郎。維也納民眾追隨令人欽佩的卡斯提裘尼，商人、實業家，只要稍稍沾上一點投機熱的人，都想加入。因為，也沒有其他可玩的了。

維也納的股票交易已經連續幾個月走下坡路；對「賭徒」來說，只剩貶值的法郎是個熱點，每個人都想加入。最後甚至連法蘭克福、布拉格和布達佩斯也受到感染，賭自己國家的貨幣貶值。

維也納的交易所裡甚至發展成遠期交割的法郎外匯期貨交易，儘管是違法的。人們還從法國以貸款方式購買任何商品，像足夠喝上多年數量龐大的葡萄酒、香檳酒，還有根本找不到買主的頂級豪華轎車。我的朋友買下一家瓷器廠，儘管他們對瓷器的了解和我對中國文字的了解一樣少，但無所謂，重要的是大家都用貸款購買所有商品。

在巴黎商品期貨交易市場中進行的投機規模也很大，橡膠、油菜籽、小麥，但最主要是糖的多頭期貨。有一點可以確定的是，只要法郎下跌，所有這些商品都會升值（連我父親也在朋友亞歷山大先生建議下遠期購買了糖）。

基本上，這些交易並非商品交易，純粹是貨幣投機，和七〇年代美國商品交易市場對美元進行的投機完全一樣。法蘭西銀行、法國政治家及專家，驚訝地追蹤圍繞國家貨幣的賭局。在巴黎，美元愈漲愈高，從戰前五法郎兌換一美元的匯率，漲到十五法郎和二十法郎兌換一美元，最後，一九二六年三月，更達到瘋狂的二十八法郎兌換一美元的高價。這時，法國政府終於決定授權費荷銀行（Lazard Frères，仍是巴黎最大的私人銀行）在外匯市場進行干預，以支撐法郎。

費荷銀行接下委託，在所有市場上收購被拋售的法郎。後來紐約J・P・摩根集團

（J.P. Morgan & Co.）提供一億美元（今天，這筆錢相當於二十億美元）貸款給法蘭西銀行用於干預，這時泡沫終於破裂。投機法郎的人士陷入恐慌之中，市場在半小時內迅速改變方向，突然間全世界都想買法郎。從巴塞爾、阿姆斯特丹、日內瓦、維也納及其他地方，紛紛發出購買訂單，金額達幾百萬元，市場上掀起一股反向風暴。在短短幾天內，就從大約一美元兌二十八法郎跌回到一九二四年三月八日的一美元兌十五法郎，法國貨幣得救了。

對其他人例如維也納人來說，這卻是所謂的「法郎破產」，但破產的不是法郎，而是他們自己。

整個維也納和布拉格都破產了，甚至連有錢的阿姆斯特丹銀行家也損失慘重，他們之中有些人陷入困境，因為那些法郎債務，不管是用在外匯交易，還是購買葡萄酒、頂級高級轎車或瓷器廠，現在都必須以雙倍的價錢償還。幾百家公司，其中很多是進口商、銀行家、經紀人，都不得不凍結資產，因為他們的客戶都賠光了儲蓄，無力支付投機的差額。

最大的輸家當然是卡斯提裘尼，隨著這次失敗，他的事業開始走下坡，慢慢地被人遺忘。二次世界大戰後，卡斯提裘尼在義大利重新出現，但再也沒發揮任何影響力。

我的父親也蒙受損失，但他所受的打擊，並沒有曼海姆或卡斯提裘尼那麼大。把我送到巴黎去的第一個建議，綽綽有餘地彌補了第二個建議的損失。多虧在巴黎的教育和以後的經歷，我才能夠資助在第二次世界大戰後喪失全部財產的父母，得以在瑞士安享晚年。我講這個故事，是想告訴大家，以前的外匯市場曾經是多麼如詩如畫。

我自己也曾經在外匯上投機過無數次。在實行外匯管制、外匯規定和貨幣封鎖政策的時候，外匯市場的機會更大、更有意思。只要誰更機智、富想像力，就可在各種貨幣間進行套利。

今天，外匯市場是大玩家的競技場，因為銀行、保險公司和避險基金把外匯市場變成賭場，而且貨幣種類愈來愈少。引進歐元後，法郎和德國馬克之間的投機成為歷史，但前提條件是歐元要挺得住。

原則上，只有少數貨幣可供小資本的投機者做期貨交易。為了獲得數量相等的外國貨幣，大家必須和相關國家保持特殊的聯繫。現在，也許在美洲或東歐小國，還存在些有趣的機會，但這方面，我不是專家。

誰若要進行主要貨幣的投機，就是和幾萬名大大小小的賭徒和投機者鬥智鬥勇。世界上每個人都可以同時得到相關訊息，如果某個統計數字比預期好，大家便朝那個方向跑，如果比預期差，大家又跑往相反方向。

想要發現某種貨幣行情和正常價值間的價差，是愈來愈難了，即使發現價差，用處也不大。外匯市場被短期炒作主導，已完全走樣，所以某種貨幣可能要持續幾年，才能達到合理價值。例如，我個人就認為，美元近十五年來一直被低估了。

每個投機者必須清楚一點，在外匯投機中，每筆買空交易都有一筆賣空交易相呼應，總是一個人賠錢，而另一個人賺錢。股票則完全不同，如果股票像過去幾十年那樣，持續上漲，把風險分散開的股票持有人就會獲利。只有做空投機的人才會賠錢，但相對於所有股票持有者來說，他們只占極少數。

原物料：投機家對投機家

原物料投機中，多頭（買入）總有空頭（賣出）相呼應。一位投機人士把賭注押在價格上漲上，就會有另一位投機人士押價格下跌，這是個充滿巨大風險的交易。一般情況下，投機期貨意味著只須投入相對少量的金錢，購買大量銅、小麥或諸如此類的商品，在這種情況下，支付的金額不是買價，而是為將來發生的交易所支付的一種保證金。股票指數、外匯和債券的期貨交易同樣如此。

因為賣主以後才交貨，買主同樣也是以後才收貨，所以期貨合約稱為「Futures」。由於投入的資金比例少，這種業務的風險根本無從估計。如果商品的指數和原先期望的方向只差幾個百分點，持有人必須立即補繳保證金，才能繼續保有原先數額的擔保。如果不補繳保證金，立刻就會被結清交易，而把之前已經投入的資金全部賠光。

在八十年的證券交易生涯中，我曾經熱中於原物料投機，或許因為在這個賽場中，我還有一筆童年時的老帳要算。我當時是玩彈珠的年齡，在匈牙利的日常生活裡，糧食交易所猶如一顆閃耀的明星，因為匈牙利是穀類作物、玉米和燕麥的主要生產國，也是全歐洲最活躍的市場。糧食銷售量極大，海外電報、賣出和買進訂單鋪天蓋地湧向這座城市，帶來難得一見的繁榮景象。在鉅額交易的同時，也有一般民眾可參加的小規模投機交易，這點非常符合匈牙利人樂觀的天性。

於是大家都在談論糧食，糧食的行情影響一切。關鍵因素是天氣、天空的顏色、威脅糧食收成的烈日，和能改善收成的降雨。糧食指數隨著天氣預報時漲時跌。在城裡無數咖啡館的露台和街道拐角處，人們停下來，熱切地看著雲層的變化，特別是在乾燥的夏季，如果天不下雨，燕麥收成就會有危險。就連高級軍官也憂心忡忡，因為當時燕麥在軍隊的作用就像汽油一樣。

這一年夏天，有一場匈牙利與奧地利將要進行的國家隊足球比賽，事關體育榮譽，每個人都將之視為切身之事。期待已久的體育賽事，甚至讓人忘記炎夏的悶熱天氣。

我更是非常興奮，這是我第一次觀賞足球比賽，而且還是我最喜歡的叔叔要帶我去看。比賽當天早晨，我從床上跳起來，察看外面的天氣。可是，天哪，整個天空都被烏雲遮住了，風雨驅趕著大片的灰雲朝這兒大軍壓境過來；空氣極為凝重，幾乎可以聽到轟隆的雷聲。我感到一陣不安，要一起去看球賽的堂哥也很不安。

整個上午天氣變得愈來愈糟，我們的心情也愈來愈失落，但我們還是在約好的時間內到叔叔家，相信他會和我們一樣難過。但令人驚訝的是叔叔的眼睛閃閃發光，高興且心滿意足地微笑著，他搓著雙手，彷彿剛剛完成一件大事似的。平常，他從不會傷小孩子的心，就連開玩笑時也不會。「親愛的孩子你們看，多好的一天，傾盆大雨，足球比賽取消了。」

我和堂哥一時無言以對，沒了足球賽，而他竟然還說是好日子，這種卑鄙行為，我們真是難以理解。叔叔殘酷地說著：「真是妙極了，這場雨下得真棒！」接著，他又喊道：「你們不明白，這是場幸運的雨，明天交易所的燕麥價格就會下跌。為了這一天，我已經盼了好幾個星期。」

叔叔說得對，第二天燕麥行情大跌，收成保住了。做空頭投機的人可以賺到夢寐以求的利潤，而這一切竟是以足球賽作為代價。這次化為泡影的活動全是交易所的錯，所以我發誓一定要在適當的時候進行報復。

後來，我也陷入各式各樣的期貨交易中。有段時間，我甚至在富有傳奇色彩的芝加哥糧食交易所占有一席之地。但結算後，我沒賠，也沒賺。

原物料投機只適合熟悉風險、承擔得起損失、有經驗的投機者，最適合那些出於職業因素，和原物料生產有關的人，因為之後他們可以把這些原物料用在自己的企業中。磨坊主人就可以拿部分財產投資穀物，巧克力生產商可以購買可可或糖，而紡織業可以貯存羊毛或棉花，金匠儲備金和銀。我不建議散戶在原物料交易市場中碰運氣，但有時總會出現吸引人的投機局面。另外，永遠不要加入電話推銷的「商品期貨交易」，他們總是用最佳的出售技巧保證穩賺不賠，但這件事只有一點可以確定，就是全部賠光。

有形資產：是收藏？還是投機？

七〇年代末和八〇年代初，也就是人人談通膨色變的時期，有形資產成了最受歡迎的投資標的。升斗小民和大人物都想在貨幣貶值前，把積蓄存到有保障的地方。他們購買名畫、骨董家具、瓷器、郵票、硬幣、鑽石，還有黃金。我甚至認識一個人，他把錢都投入老式咖啡研磨器上。

當時有形資產的價格簡直是暴漲，能正確預測到發展趨勢的投機者，可以賺得盆滿缽滿。但投資者卻沒那麼幸運，他們是用相當昂貴的價格買進，而這二十年來，只是賠錢。從金價的走勢便可看出整個災難，黃金從最高的八百五十美元一盎司，跌到現在三百美元一盎司，而且還看不出有改善跡象。我很高興看到這一切，因為我一直反對拜金主義。

有形資產不會產生利潤，所以不適合當成投資標的，除非在過度通貨膨脹時，這道理也適用於原物料的投資。

今天股票的股利，雖然看來數目很小，但投資者可將股利重新投資，透過複利效應自動增值，債券也是如此。股票靠上市公司、債券靠債券發行者（國家或是企業）運用資金，而花在有形資產上的資金，卻只能閒置。

所以，萬不得已時，才可投機有形資產，然後還必須辨別行情何時開始上升，及時進場，從中獲利，隨後再馬上退出。只有這樣，才能利用有形資產賺錢。遺憾的是，幾乎沒人可以準確預測價格變化。所以，關鍵始終是時機問題。

理論上，只有了解自己經營的有形資產，並且經驗豐富，才能賺錢。我說「理論上」，是因為我所列舉的諸如名畫、骨董瓷器、舊家具、鑽石、郵票和硬幣，只有收藏家才是真正的行家，他們熱愛這些東西，一起起床，一起入睡。但收藏家無法成為投機者，因為他和收藏品難捨難分。雖然從帳面上看，收藏家獲得了鉅額利潤，但卻永遠無法從中賺錢。相反地，想低價買進再高價賣出的投機人士，從來不會努力了解那些東西，不能獲得長期的成功。

房地產：大投機家的事

唯一帶來利潤的有形資產投資，便是房地產。房產所有人住在自己的房子裡，就可以收取或節省房租。我在巴黎有兩處住宅，在蔚藍海岸有座房子，在布達佩斯有處宅邸。只有位於巴黎聖路易島（île Saint-Louis）的住宅被我租出去，其他三處房產一直是我自己住。根據這些經驗，我只能建議每個家庭，購買自己居住的住宅。這應該是第一項投資，因為這樣一來就不必受制於房東，或是受房租上漲的影響。

但是，房地產投資又是另一回事。我對這行沒有經驗，我一直是「動產」投機者，即像證券、外匯和原物料這類可以移動的東西。房地產不能移動，正如其名「不動產」一樣。房產不能在世界各地出售和使用。ＩＢＭ的股票在全世界的價格都一樣，而一座六十平方公尺的住宅，卻沒有統一的價格。不同的地方，不同的環境，房價便不同。一間坪數一樣格局相同的房子，在紐約城價值兩百萬美元，但在布森互德（Buxtehude）的價值是二十萬馬克。

我相信一件事，房地產市場和股票市場雖然完全不同，但其運轉和其他投機市場一樣，遵循著相同的規則，有榮景和蕭條、過度發展和緊縮等時期。

想投機房地產，必須有鉅額資金和良好信用評等，因為購買房產的部分資金是向銀行或第三者籌措的。

雖然也有房地產基金，但在我看來，並不適合投機。開放型基金是種投資面分布廣泛的投資基金，風險相對較小，價值則持續增加。而封閉型的房地產基金則是用來節稅，期限多為十年或更長的時間。

誰若真想靠投機房地產賺錢，就必須預測出房地產業在哪個城市、哪個地區或哪個國家的房地產市場將大漲，只有這樣，才能獲得超過平均水準的利潤。

迷信房地產的德國人，抱持一種觀點，即不動產會不斷增值，但這完全是無稽之談。房地產也會下跌，只是房產所有者不會像對待股票般容易意識到行情，因為住宅、房屋或辦公大樓的價格，並不是每天登在報紙上，或出現在德國新聞電視台的行情表上。

當然，長期來看房地產價格是向上發展，但從全國平均水準來看，其上漲速度比不上通貨膨脹，所以房地產所有者只是名義上賺錢，實際上並沒有獲利。

我不熱中房地產市場，是因為其中沒有玩家，由於交易成本太高，大家無法在某一天買進，第二天又賣掉。長久以來，房地產市場不像證券、外匯和原料市場那樣有流動性。房地產有時要花幾個月的時間，才能找到買主。

我的結論是，資金雄厚，且熟悉房地產市場的投機人士，可以試試運氣。很多人，例如唐納・川普（Donald Trump）靠房地產業致富。其他人如尤根・史耐德（Jürgen Schneider）卻因此破產，鋃鐺入獄。就和其他投機行為一樣，發財和破產緊緊相依。關於房地產市場，我所知道的不多，因為股票才是我的王國。

股票：本身就是投機標的

無疑地，能為投機者創造廣闊投資天地的是股票市場。全世界有超過十萬家上市公司，分布在全球各個國家。大家可以針對某個產業的繁榮和衰退、某個競爭對手戰勝另一個競爭對手、某個國家的法律變更、大選、社會發展趨勢、未來時裝的發展走向，還有新技術的提升進行投機。有的公司在地底找運氣，有的則在太空碰運氣。

大家總能找到價值被低估的公司。前面提過的億萬富翁巴菲特就是靠這發財的。或者找到被高估的公司，進行做空投機，大家可以利用「轉機股」發財，像我就曾以克萊斯勒的股票做投機（我在其危機時，以每股三美元買了克萊斯勒的股票，現在每股的價格為一百五十美元）。還有像微軟或戴爾電腦（Dell）的「飆股」，利用這種股票，大家同樣可以發財。

和其他投機標的相比，股票的優勢在其長期上漲的趨勢，當然這並不適用於每家公司，因為有些公司垮掉了。總體看來，股票長期是一直向上走的，且結果比其他任何一種投資方式都好。投資者稍微分散一下資產，購買大型且穩健的公司股票，就會得到最好的機會。如果事情沒照預期發展，也只須耐心等待，直到行情回升。如此，某些投機者就是這樣變成投資者。大家常聽到交易所中的人，吹噓說他們多會投機，將一百元買的股票賣了一百一十元。但如果股票從一百元跌到六十元，又不想賠錢脫手時，他們就會說他們是在投資，對一時的指數不感興趣。這當然是自欺欺人，但我們都有人性弱點，尤其是我們投機者。

第4章 奇幻的證券交易所

言辭尖刻的人說，魔鬼創造了證券交易所，為的是告訴大家，他們和上帝一樣，也能無中生有。錯了！魔鬼並未創造證券交易所，證券交易所是自行發展出來的，在大樹下，在華爾街，或在大街拐角處，或在咖啡廳裡，然後搬進了一座宮殿。

人類史上的第一家證券交易所出現在阿姆斯特丹。時值十七世紀，殖民時代開始之際。大家爭先恐後地購買印度公司的股票，這是第一家有組織的殖民企業，成立於一六〇二年。公司的創辦人是幾個荷蘭資本家，想成為海外貿易的主宰，在將自己的船隻和財產託給未知的海洋前，他們仔細研究了航海報告，裝配了帆船，以抵禦南洋的風浪。

為了湊足資金，每個人紛紛解囊，透過認購籌集了六十四噸的黃金。他們獲得了貿易壟斷權，在東印度無數島嶼上，擁有近乎絕對的統治權。公司船隊滿載著貴重商品回到阿姆斯特丹的碼頭，有香料、布料或瓷器，鄰國紛紛搶購這些商品。

強大的印度公司繁榮起來，成為國中之國，在和印度王公及地方邦主的交涉中，以有利的價格，把葡萄牙人趕出印度市場。在阿姆斯特丹富麗堂皇的宮殿裡，公司十七位創始股東圍坐在鋪著貴重錦緞的圓桌旁，像從前的統治者般頒布法律。

累積了幾年的收益，公司獨占地位鞏固，且控制了從香料群島到亞洲大陸、從巴達維亞（Batavia）到加爾各答、從爪哇島到馬德拉斯（Madras）的遼闊地域後，他們進行首次的利潤分配。利潤增加，紅利提高，股價也同樣看漲，大家分配著現金、債券。幾年後，根據公司的喜好及相應的財政狀況，甚至也分配胡椒或肉桂等實物。

荷蘭印度和英國東印度

英國對印度公司的海上霸主地位感到惴惴不安，荷蘭成為強勁對手。於是建立英國的「東印度公司」，試圖打破荷蘭的壟斷地位，重新建立自由競爭。西方強權開始在本土、海上和證券交易所進行激烈爭戰。如果荷蘭的印度公司和英國的東印度公司今天都還在的話，他們或許會試著收購對方。

投機人士一邊下棋，一邊談著港口的流言蜚語，或在港口餐館、交易所俱樂部，吃巧克力、喝咖啡，一邊等候商船的消息。但今天，他們都坐在交易室或連線的電腦前，緊張的等待最新消息、統計資料和分析師的預測。只不過今天的人不用一連幾個星期或幾個月等候消息。現在這些訊息像從機關槍射出來似的，每分鐘就有上百條。

受運價的影響，這家或那家公司的股票上漲或下跌，運抵的貨物愈來愈貴，而且總是超過大家的預期，投機人士一天比一天興奮。對荷蘭印度公司來說，一六八八年發生的一場災難，對我們也具有特殊意義，因為這是有史以來第一次「股災」。

荷蘭印度公司正等著一批重要貨物，大家對此寄予厚望，希望股票能達到新高點，現貨和期貨交易的投機活動已到「生死攸關」的地步。首先傳來各種令人擔心的消息，由於船隊損壞嚴重，不得不由好望角返回巴達維亞。不過，還是有幾艘船抵達荷蘭。但貨物僅以三十五噸黃金的價格賣出，未達原先期望的五十噸黃金。

生意本身並不算太糟，但投機卻到了一觸即發的局面。如果一種股票有希望提高股利，投機人士便會蜂擁而至。如果股利雖如大家期望般高，但仍會因為「既成事實」而下跌。如果股利沒有達到預期，就可能會成為導火線，盲目的不信任便會取代原先的盲目信任。

基於這個原因，加拿大的鈾礦業在五〇年代也經歷同樣的命運。儘管核子科學長足發展，但始終沒有出現獲利，看來也沒希望在未來某天有所改變；投機者不得不為他們的幻想付出昂貴代價。在一九五七年的股市崩盤中，鈾礦股票因之前的炒作而掉了九〇%的價值，損失慘重，加拿大股市很長一段時間無法恢復元氣。雖然鄰國華爾街的股市看漲，卻無法恢復原先的基礎。類似的原因也讓其他投機者在巴黎證券交易所破產，他們被騙，以為撒哈拉沙漠的石油開採業會帶來豐厚的利潤，但發生在阿爾及利亞的政治事件和國有化，令他們的希望化為泡影。

混亂中的混亂

自十七世紀中葉起，阿姆斯特丹的證券交易所就已與現代證券交易所驚人的相似。當時就已有人從事期貨和選擇權交易，有結算日、補償交易指數、展期交易和貼現交易、做多集團和賣空集團。阿姆斯特丹是歐洲最重要的公債市場，錯綜複雜的期貨交易在阿姆斯特丹證券交易所中誕生。經紀人和在鄰近咖啡館裡等候交易結果的客戶之間，還有聯絡員。各種影響行情的謠言、錯誤的警報及各種伎倆早已出現，讓有眼光的戰略家得以利用牛市和熊市獲取利益。

受人矚目的印度公司股票不斷攀升，尤其當某大機構操縱上漲行情時，股票更加看漲。貨船延期返回的壞消息，本來是無任何危險的普通消息，但在大家都感到振奮時傳來，便顯得很不恰當。受害人當中有詩人、哲學家和狂熱的投機人士維加（José de la Vega），他是阿姆斯特丹西班牙籍猶太難民之子（和紐約十萬名德國難民子女一樣）。他的作品《混亂中的混亂》（*Confusión de Confusiones*）既是一部哲學著作，也是一篇報導。書中描述十七世紀阿姆斯特丹證券交易所的真實情景。我多次閱讀此書的德文版，一九一一年的翻譯版本，值得向每位投機者推薦。維加曾經三次靠投機發財，然後又失去財產，證明他完全有資格評論這個題目。

如前所述，我相信沒在證券交易所中至少破產兩次的人，就沒資格冠上「投機者」的美名。在我無數次的冒險中，也碰過許多壞運，但和所有投機者一樣，創傷很快就癒合了，在還未徹底忘記意外事故時，又帶著新計畫，重新投入戰場。

維加在書中描述的投機活動和證券交易所至今依然不變。和當時一樣，今天推動行情漲跌的，還是幻想、鬱悶、樂觀、悲觀、驚喜或信念、希望和恐懼、期待和失望、金錢或債務。從這一點來看，即使電腦和網路也未能改變任何東西，投機的背後總是躲著一位優缺點兼具的人。

任何時期，大家都可從新聞記者和交易員所寫的股市評論中，聽到和看到證券交易所比以往更加莫測高深。這個觀點是錯的，其實證券交易所一直都是捉摸不透的，如果不是這樣，證券交易所也就不是證券交易所了。早在三百年前，維加就把證券交易所描寫成「混亂中的混亂」。

可惜，我一直沒能得到一六八八年西班牙文版的《混亂中的混亂》。我的藏書包括一些稀有作品，我非常想用這部珍品使收藏更加完美。本書實際上是有關證券交易所的第一部作品，自讀過該書後，我就一直在找西班牙文的第一版。甚至波士頓最大的克萊斯（Kress）經濟圖書館，在二十年前也找不到此書。

幾年前，我曾有一次機會。我在慕尼黑的報上看到倫敦蘇富比（Sotheby's）公司將拍賣此書。妻子知道我在找這本書，遂一直注意所有書畫的新聞，就在我剛看到這消息時，她也打電話來告知。我馬上前往慕尼黑的蘇富比拍賣行，想在目錄裡核對一下，拍賣的是否真的是西班牙文原版。

我得到肯定的答覆，正是我要找的版本。目錄中的估價是兩千至三千英鎊，我問蘇富比的職員，要出多少價才能確保得到此書，他告訴我三千英鎊肯定夠了。為了更有把握，我出價五千英鎊。「您絕對能得到這本書，」那位職員對我說。

拍賣當天，我大失所望空手而歸。最後的成交價是一萬八千英鎊，除了想知道是誰出的價外，我對其他一切都不感興趣。閒聊中，得知是位日本買主標走，我搥胸跌腳，日本人要這本關於阿姆斯特丹證券交易所的西班牙文書幹什麼？難道這本書在我的圖書館不是更有價值嗎？

資本主義的神經系統

就算魔鬼未曾創造出證券交易所，他也一定蹚過這攤渾水，把「人」變成「賭徒」，將證券交易所化為賭場。對許多人來說，證券交易所是沒有音樂的蒙地卡羅，是賭場，可以整晚在緊張刺激的氣氛中賺一大筆錢。對我來說，證券交易所是充滿各種音樂的蒙地卡羅，只不過必須帶上天線，才能捕捉到音樂，分辨出音樂的旋律。

證券交易所的作用遠不止於此。它其實是資本主義經濟制度的神經中樞，甚至是引擎。在商品和外匯交易所中，這間賭場大廳負責確保商品流通和制定合理、透明的價格，他為生產商、製造者及進出口商提供機會，規避各種價格風險。玩家和投機者提供了必要的成交量，遺憾的是，玩家或寄生蟲（我也這麼稱呼他們）占成交量的比重是如此之大，以至於有時只是他們的交易活動，就會沒理由地操縱行情漲跌。

但真正的引擎還是股市，其基礎是上市公司，而投機是燃料。假如沒有投機，革命性的大型工業（鐵路、汽車、石油、電子工業、電腦，及現在的網路）就不會出現。只有希望靠投機獲利，而不是放銀行收利息，促使大大小小儲戶從口袋裡掏出資金，才能透過不同的投機方式，將資金注入各個經濟領域。

總而言之，股市是投資者需要資金時，可以隨時解凍資金的工具。如果不能隨時變現，就不會有那麼多投資者、投機者——當然包括賭徒——參與股票交易。所以證券投機益形重要，即使動機是投機，但畢竟也把資金投入經濟活動中。國家經濟亟需資金促成，不論是為了經濟成長、解決就業問題還是追求進步。

原則上，企業家可藉由兩種途徑籌措所需的資金。向銀行貸款或發行公司債，還是以股票形式出售公司持股，兩者各有利弊。

如果企業家不想和其他股東分享利潤，也不要別人插手公司決策，他可以選擇以支付利息的方式向銀行貸款。然而，如果業務運轉不如預期，利潤出現的時間比原先預計來得長，就可能陷入困境。此時如果銀行要求償還貸款，或要求為新貸款提供額外抵押，而他又無法提出時，他的夢想就會像泡沫一樣破裂，接著要用很長的時間，也許是一輩子來償還債務。

如果企業選擇發行股票，便不必支付利息，也沒有把資金還給股東的義務。而股東得以分配股利的方式分享利潤，如果這位股東購入股票的企業經營順利，他得到的利潤會十分豐厚。尤其是股市波動導致的價格上漲，都會誘使他去冒險，而不是從銀行領取微薄的利息。

經濟史上重大的發展開始時，都是充滿風險的，如果只靠貸款方式，根本不可能取得長足進展，而且企業家也不願意債台高築，更重要的是，銀行從不願像股票族般，為了快速致富而提供龐大的資金。大家只須看看，這兩、三年來有多少資金是透過證券交易所注入年輕的網路企業，就不難理解。

雖然我不相信網路企業的股東最後都會成為贏家，但由於市場狂熱，許多股票的行情就像一六八八年時的東印度公司一樣，失去控制。此外，還有許多股票被人操縱，但這就是股市。

交易人士的遊樂場

證券交易所不只於此，這裡是交易人士的遊樂場，充滿經紀人、交易員、造市者、玩家、投資者、大大小小的投機者、銀行家和金融家、新聞記者和偶爾光臨的旁觀者。當然，並不是所有人都親自到證券交易所來，多數人只把錢送過來，有時，也會把錢撤回去。他們的投資反映出恐懼和希望。證券交易所不僅是證券、外匯或商品的交易中心，也是消息、新聞發布和駁斥謠言、熱門話題、內線消息和蜚短流長的傳播場所。

我常去證券交易所，因為其他地方都不像這裡，能看到這麼多傻瓜。並不是我對傻瓜感興趣，而是為了做和他們完全相反的事。

遺憾的是，法國畫家杜米埃（Daumier）筆下精彩絕倫的大廳型證券交易所，已漸漸絕跡，逐漸變成電子證券交易所。一九八六年，這股潮流波及倫敦皇家證券交易所，不久前又占領巴黎證券交易所，在法蘭克福，多數的交易已經在電腦系統上進行。看來，證券交易所之母的華爾街，變成由無聲無息的電腦螢幕組成的電子交易所，只是時間早晚的問題。

在每一個證券交易所大廳裡，都能聞到謠言滋生的特殊味道，那種獨特的魅力如今已不復存在。我還見過把股價寫在黑板上的證券交易所。我曾笑稱自己是沒落的證券交易世界裡，最後的北美印地安莫希干人（Mohikaner），但我已有多年沒看過證券交易所了。我害怕，如果萬能的上帝再次眷顧地球，看著證券交易所時，會發現我。「怎麼？」上帝也許會想：「老科斯托還在那裡。他應該上這裡來了，我這裡也用得著他。他的老朋友已經在等他了，一旁還有專為他留的座位呢。」

熱中證券交易所的人會在交易所裡看到世界歷史的影子。我承認，這是一面扭曲的鏡子，只有經驗豐富的投機者才能辨認出其中的影像，並理解其中含義。所有正在發生的事，不管是中東或科索沃戰況、巴勒斯坦和以色列的敵對與和解、美國總統和女實習生的曖昧關係、德國政府輪替和財政部長辭職、電信和網路的進一步發展、女性時尚革命、肺癌研究等。這些事件，以及這些事件帶來的恐懼和希望的總和，就構成了世界大事，也構成世界歷史，並如實反映在證券交易所。能讀懂這面鏡子的人，就享有特權。雖然他也不知道明天會如何，但是他知道，並且明白今天和昨天的樣貌，這就已經足夠了，因為多數的證券投資者，甚至連這點都不知道。

經濟的溫度計？

許多外行人總稱股市是經濟的溫度計，其實不然。股市無法顯示當前的經濟狀況，也預測不了未來經濟的發展趨勢。要證明這點，我不必追溯歷史，過去五年就是最好的例子。一方面，德國經濟成長遲緩，失業率高居不下，而另一方面，股市卻翻了三倍，前社民黨主席奧斯卡・拉封丹在上屆聯邦議院選舉前的競選演說中，不斷對此大加抨擊。其實他對股市一無所知，也對經濟一竅不通。

相反地，在美國，經濟因為就業充分而繁榮，股市跟著景氣發展。那裡同樣有過經濟高度發展，而股市停滯不前的情景發生。經濟和股市並不一定平行發展，但這不是說兩者沒有任何關係。我想引用一個多年前提過的老例子。

有一個男子帶著狗在街上散步，像所有的狗一樣，這狗先跑到前面，再回到主人身邊。接著，又跑到前面，看到自己跑得太遠，又再折回來。整個過程裡，狗就這樣反反覆覆。最後，他倆同時抵達終點，男子悠閒地走了一公里，而狗跑來跑去，走了四公里。

男子就是經濟，狗則是股市。一九三〇年至一九三三年的經濟大蕭條結束後，美國的經濟發展就像這個例子，經濟持續成長，或許也有一、兩次的停滯或倒退，而股市卻漲漲跌跌有上百次之多。

我認為，長遠來看，經濟和股市的發展方向相同，但在過程中，卻有可能選擇完全相反的方向。

第5章 股價有什麼道理

每天，股市名嘴都費盡心思解釋當天股價的變化，然而影響股價上揚或下跌的因素卻難以勝數。

利率提高，股價下跌；利潤高過預期，ＸＹ股的股價漲，而ＡＢＣ股卻下跌，因為儘管利潤高過預期，專家卻看到該企業面臨艱困的未來。而下一份報紙的評論卻指出，同一檔股票股價下跌的原因在於獲利了結。另一天，美元堅挺是股價上揚的原因，但第二天，在同一份報紙的評論中，美元是股價下跌的關鍵。**對投機者來說，這些評論完全多餘，而且毫無用處。專家都在尋找合乎邏輯的因素，但股票市場有自己的邏輯，和普通消費者的邏輯沒有什麼關係。**

證券市場像美女或天氣一樣任性，擅長利用各種光怪陸離的魔術吸引獵物，在你最意想不到的時刻對你冷淡。我建議大家應該冷靜，不要在意證券市場喜怒無常的脾氣，尤其不要為此尋找合乎邏輯的解釋。

名嘴只能局限於三種解釋，因為供過於求，證券交易走勢疲軟；或因為需求大於供給，證券交易行情堅挺，或因為供需平衡，證券交易沒有變化。

從短期至中期來看，絕對不是好的股票一定看漲，不好的股票肯定下跌，情況可能完全相反。一家企業也許獲利豐厚，可以支付股利，還有良好的發展前景，但只有需求大於供給時，才會在證券市場中看漲，這是證券交易邏輯的唯一假設。

傻瓜、股票，哪個多？

直到今天，我還清楚記得第一次到巴黎證券交易所時的情景。一位老先生朝我走來：「年輕人，我沒見過你。你是誰？」我回答：「我第一次到證券交易所，我是XY公司的實習生。」「你老闆是我的朋友，我就教你一些非常重要的東西。你看看周圍，這裡的一切都取決於一件事，就看這裡的傻瓜比股票多，還是股票比傻瓜多。」

這條座右銘也成為我的信條，我們可以這樣解釋，行情趨勢要看賣方賣股票的情況，是否比買方買股票急迫。如果股票持有者迫於心理或物質上的壓力要出售股票，而資金所有者雖然想買，卻無迫切壓力，行情就會下跌。

反之，如果資金所有者迫切尋求股票，而股票持有者並沒有物質或心理上的壓力要出售股票，行情就會上漲。我一直記住這條準則，**一切取決於供給和需求。我全部的證券交易理論都以此為基礎**。

每位證券交易人士都須銘記在心這個事實，否則就不會明白，為什麼有時股價會出現完全不合邏輯的波動。

分析發展趨勢時，應對各種影響因素進行評估，並要能看出未來的供需情況。原本我還可以解釋一下股價的形成細節，以及經紀人或造市者如何訂定股價，以合理反映供需的情況。但我想把這件工作留給眾多證券交易的入門指南或是教學影片。

背景音樂是小調或大調？

正如在歌劇或交響樂中，總是反覆出現背景音樂，股市也有背景音樂，決定長期的發展趨勢，時間可能長達幾十年。在投機者試圖從中看出上漲和下跌的時段，從中獲利前，必須聽出背景音樂是大調，還是小調。

這種背景音樂由兩部分構成：戰爭或和平，及長期的經濟發展。

大家總是問我，為什麼過去幾年那麼樂觀？許多人聽過我關於安眠藥的點子，我毫無保留建議大小儲戶把錢投資股票，從前我不會如此做。先前我建議他們應該服用安眠藥，然後沉沉睡去，不要理會這段期間證券市場的風暴，免得驚惶失措，在行情上漲之前便把所有股票賠本賣掉。

我樂觀的理由很簡單，雖然有科索沃戰爭、波斯灣戰爭和庫德族戰爭摧殘著人類，但世界的和平基本上是得到保障的，這是一九一二年以來不曾有過的情況。直到十年前，我仍是每天早晨七點便坐在收音機前，總是害怕某個地方會成為第三次世界大戰的開端。北約和華沙兩大集團間的冷戰曾讓世界癱瘓，今天，這一切已成過眼雲煙。

現在我最早在十點前打開收音機，但沒有聽到特別讓我感興趣的消息，除了名模克勞蒂亞・雪佛（Claudia Schiffer）不會嫁給《塊肉餘生記》的主角大衛・考伯菲（David Copperfield，編按：在此指同名魔術師）外，大家還能知道什麼大事？新的時代是美國統治下的和平時代，不管歐洲人喜不喜歡，唯一留下來的世界強權就是美國，和平因此長期得到保障。這是全球股票市場亮起綠燈，也是過去幾年股票市場發展迅速的原因。

在我長達八十年的證券交易經驗中，也碰過截然不同的情況，二次世界大戰，還有冷戰，我都經歷過，而且倖存下來。

投資者只要在某處嗅到火藥味，便不會無限制投資股票。這時，每個人都希望自己的保險箱裡有像黃金這樣的有形資產。當戰爭發生時，貨幣可能完全貶值，德國在戰敗後經歷過兩次這種情況，受到戰火蹂躪的法國也同樣經歷過。大家不得不收拾東西逃亡，一九四一年，當德國軍隊打到巴黎城邊時，我正是這麼做。

在這種情況下，股票不再有用，因為這些股票在收容難民的國家裡賣不出去，收容難民的國家有外匯管制，所以也無法處理外國貨幣。不然便是持股的公司、工廠在轟炸中遭到破壞，或被收歸國有，匈牙利在戰爭結束後變成共產主義國家時，我父親的酒廠就遭到此等命運。結果是大家都失去自己的投資，在這種情況下，只有國際通用的貨幣才有用，要嘛是某個沒有捲入戰爭的國家的貨幣，要嘛是黃金。

局勢愈不穩定，投資者愈不敢投資股票，反之亦然。目前是股票贏了，對未來的幾十年，我仍然抱持樂觀態度。

和平就是大調

再回到之前我提過的狗和主人的例子，應可說明經濟和股市並非平行發展的。但和狗及其主人一樣，長期來看，經濟和股市發展方向相同。

如果經濟和企業利潤沒有持續成長，股價也不會持續看漲。如果沒有重要因素，通用汽車（General Motors）、ＩＢＭ或微軟的股票也不會發展到今天這種水準。否則的話，狗就會跑到前面去，不知什麼時候，便看不到主人了。而熟悉狗的人都知道，這位四條腿的好朋友最後還是會跑回來。

日本就是很好的例子。有二十多年的時間，日本的股票價格脫離經濟指標和企業利潤，雖然後兩者也持續成長，卻跟不上價格上漲的速度。一九九〇年，狗終於發現跑得太遠了，在一個沒有人預料得到的時刻，行情大跌。直到今天，日經指數仍比其最高紀錄時低五〇%。

長期來看，證券市場無法脫離經濟。投機者必須仔細觀察分析一個國家的經濟形勢，而身處在全球化時代的今天，當然還必須觀察分析世界的經濟形勢。但要注意，具決定性的不是過去的發展，而是未來的發展。如果經濟沒有任何阻礙，能夠成長，儘管會出現各種震盪，長期來看，股市仍然看漲。其結果，價格上漲比價格下跌頻繁，大大提高了投資者獲得可觀利潤的機會。

正因如此，過去幾年裡，連證券交易所中的玩家也能賺錢。當價格幾乎穩定成長時，大家也能透過短線交易逮到更多多頭行情，而非空頭行情。

我相信，基本上經濟還是會繼續成長，因為經濟成長的動力是大家對高水準生活的渴望。當富翁變懶，而且厭倦時，還會有其他想提高生活水準、努力促進經濟繼續成長的人。這就是世界的進程。

但有時也有束縛渴望、阻止渴望的障礙。

如果投機者意識到這一道絆腳石，或者不得不擔心未來會出現這樣的情況，那麼就應該再考慮該不該加碼投資。

從長期趨勢來看，最好的情況是橫盤整理。這樣一來，他就必須非常嫻熟地操作，準確地把握臨時的上升和下降趨勢，以獲得利潤。

可能的障礙

經濟成長的障礙之一便是錯誤的稅賦政策，這會讓所有的努力成果盡皆遭殃。如果大家像從前瑞典那樣，必須上繳九〇%的收入，總有一天，沒有人會有興趣辦企業、進行投資、每天工作十四個小時。同樣，法規、授權程序和過度監管也會阻礙經濟發展。不過這些情況通常只發生在特定產業和領域。

另一個更重要的問題，就是貨幣供給，就像匈牙利一位吉普賽音樂家所說：「沒有錢，就沒有音樂。」同樣地，「沒有資金，就沒有經濟成長。」

幾十年來，以黃金為基礎的貨幣制度，即通常所說的金本位制，阻礙了充分的貨幣供給。這個時期，世界經濟發展遲緩。我經常針對金本位制撰寫文章，一直強烈反對金本位制。因為，除了世界和平外，取消金本位制是我這些年及對未來抱持樂觀態度的第二個原因。但遺憾的是，總有一些政治家和經濟學家，每當外匯激烈波動時，便要求回到金本位制，所以我要再次解釋為什麼金本位制對世界危害極大。我認為金本位制是種禍害，所以我常用「你怎麼看待金本位制？」問題，來測試經濟學家和專家對經濟的理解程度。

金本位制是種在經濟體制中平衡供需的貨幣機制，既在國內，也在國際上運作。國際收支均用黃金調節，形成固定的外匯價格。

確切地說，就是每種貨幣都用黃金定價。例如：一美元等於X克黃金。於是，便規定中央銀行對當時流通的貨幣必須保有多少黃金儲備。按照固定價格，中央銀行有義務以黃金買進本國貨幣，或支出本國貨幣購買黃金。如果一個國家在貿易結算或國際收支上出現赤字，導致貨幣在國外供給量過大，這時該國中央銀行便有義務，用黃金把供過於求的本國貨幣從市場上購回。

為了平衡出現的赤字，又不使本國黃金儲備減少，中央銀行必須透過提高利率和減少開支、縮減貸款及提高稅收，增加資金流入。

總而言之，中央銀行推行極端的通貨緊縮政策，這會對經濟造成嚴重後果，掏空消費者和企業家口袋裡的錢，減少消費需求，後果便是失業率高居不下，這一切都只是為了保有黃金儲備。

反之，如果情形正好相反，該國貿易結算出現盈餘，對貨幣的需求就會增加，中央銀行的黃金儲備在貨幣兌換後，重新得到補充。這時利率和稅收可能降低，貨幣重新流通到市場，促成經濟成長，失業減少。這就是應讓國家財政正常運轉的金本位制。

但事實上，金本位制從來沒有發揮作用，也永遠不會發揮作用。因為從來沒有哪個政府願意按照該體制的要求，推行如此極端的通貨緊縮政策。因為推行的結果將引起負面效果，導致該國政府在下次大選中失敗。

幾年前，我也和戴高樂將軍的貨幣專家傑克・魯夫（Jacques Rueff）爭論過這個問題。他對金本位制如此痴迷，以致大家為他冠上了「金本位制先生」的綽號。在我們兩人的一次電視辯論中，他稱黃金是位獨攬大權的君主，監督世界的經濟秩序。我挑釁地問他：「但這位君主迫使政府推行極端通貨緊縮政策的軍隊在哪裡呢？」

一九三二年，魯夫在巴黎索邦大學（Sorbonne）演講時，對金本位制大肆讚美。他荒謬地引用了威瑪共和國時期布魯寧（Brüning）／路德（Luther）政府所推行的通貨緊縮政策為典範。他讚嘆地解釋說，雖然出現了嚴重的經濟危機，黃金儲備依然增加了。今天，我們知道這個政策成效卓著——一年之後，希特勒奪取了政權。

如果沿著這個思路繼續思考，會得到尷尬的結論。假如當時沒有金本位制，也許希特勒及第三帝國根本不會出現，第二次世界大戰和屠殺猶太人的悲劇也不會發生。因為當時，如果德國的經濟危機略有緩和，支援納粹的聲浪便會立即減弱。經濟形勢和選舉結果間的關係，無庸置疑，如果生活艱難，肯定就會發生革命。

金本制已過時

後來，魯夫在新聞媒體中更加醜態百出。在一系列文章中，他發出警告，如果不馬上回到傳統的金本位制度（也就是說美元百分之百用黃金支持），世界經濟就會崩潰。眾所周知，大家並沒有把他的警告放在心上，而且現在的世界經濟形勢也比以往任何時候都要好。

此外，大家也不需要用金本位制克服通貨膨脹。因為通貨膨脹並不取決於貨幣是以黃金為後盾，或是自由浮動。雷根總統執政後不久推行的通貨緊縮政策便證明這點，在成功消除通貨膨脹、促進經濟發展前，他首先大幅提高利率，繼續加重卡特政府留給他的經濟危機。

從第二次世界大戰以來，金本位制便沒有發揮過作用。想讓金本位制解決我們這個時代的重大問題，未免要求太高了。金本位制失敗的原因，在於接受了一個完全錯誤的事實。

支持金本位制的人相信，某種貨幣的品質取決於其守護者，即中央銀行存放在地下室裡的黃金儲備。這完全是胡說八道，其實一個國家的經濟實力，其次是國家財政管理制度，才是構成貨幣強勢或劣勢的主因。就像健康的身體，不會因為一次感冒就生大病，病痛纏身的人也不會因為有最好的醫療服務，變成一個完全健康的人。

今天，引進金本位制的可能性比從前更加微乎其微，因為外匯流通的規模巨大，令該制度比以前任何時候都要脆弱。十九世紀時，金本位制還發揮過一些作用，但那個世紀的經濟秩序怎能和今天相比？我想到一個音樂的例子，大人在小孩學彈鋼琴時，常會在一旁放一個節拍器，借助滴答的聲音，輔助小孩掌握演奏中的節奏。但演出大型交響樂作品時（比如說馬勒的第八號《千人交響曲》）就需要天才的指揮家，這時只用節拍器是遠遠不夠的。

今天的經濟制度需要稱職的中央銀行主席，他們是金融市場的指揮家，而不是金本位制。美國聯邦準備理事會（簡稱聯準會）主席亞倫・葛林斯班（Alan Greenspan）就是一位非常優秀的指揮家，當經濟需要貨幣時，他提供貨幣，當貨幣大量流通時，他又減少貨幣供給額。就像聖經中所說：「神賜予一切，神收回一切。」

穩定只是幻想

直到被歐洲中央銀行取代前，德國聯邦銀行一直推行緊縮的貨幣政策，阻礙德國在統一後創造第二個經濟奇蹟的機會，其口號是穩定、穩定、再穩定，目標在達到零通貨膨脹率。多年以來，美元兌馬克的匯率一直被低估，所以原料的進口愈來愈便宜，這正是聯邦銀行想要的。然而，在出口產品占四〇％，貿易長期保持順差的國家，這種政策卻扼殺了幾十萬個就業機會。由於競爭壓力愈來愈大，企業被迫不斷進行改組，或將生產線遷往國外，目前德國許多企業正是如此。

穩定並不是唯一的生活目標，生活目標應該是和平與繁榮，這樣才能防止政治激進分子和極左、極右派。而且穩定應該是政治穩定，而不是貨幣價值穩定，才是最高目標。**前德國總理赫姆特·施密特**（Helmut Schmidt）**說得完全正確：「寧願要五％的通貨膨脹率，也不要五％的失業率！」**輕度通貨膨脹根本不會危害經濟。

絕對穩定只是一種幻想。能源、原物料、生活用品，甚至勞動市場的價格，都在不斷變化。很多商品的價格要看大自然的臉色：這次是橙子收成被凍壞了，接著又是咖啡豆收成被熱浪烤焦了。所有商品和原物料的價格在自由的經濟環境中不斷漲跌，受到各種事件和大眾心理反應的影響。這種情況下，大家又怎能實現一種絕對的穩定呢？

事實上，穩定的貨幣政策導致災難性的後果，近十年來，德國失業率一直停留在一〇%上下，貨幣供給額成長不足，不能促進經濟發展，既沒有消費，也沒有投資，因為儲戶和投資者已被培養成膜拜神聖馬克的人。

多年來，法國和歐洲其他國家一直對聯邦銀行貨幣政策抱持懷疑態度，但由於馬克在歐洲貨幣體系中的錨定作用，他們被迫迎合德意志聯邦銀行所採取的每一步利率變動。透過引入歐元，法國人想達到削弱德意志聯邦銀行權力的目標，一年前，爭奪歐洲央行主席職位一事，已讓此事檯面化。法國總統傑克・席哈克（Jacques Chirac）利用一切權力，試圖讓法國候選人特里榭（Jean-Claude Trichet）當選。最後，特里榭敗在歐盟主張穩定的鷹派手中，歐盟得以實施馬斯垂克條約和其中關於穩定的決議。這個條約阻礙了經濟繁榮，迫使各國採取緊縮的貨幣政策。

幾年之後，就可證明歐洲央行是否像美國的聯準會，採取高明的貨幣政策，還是像德意志聯邦銀行般一味追求穩定。我不敢對此預測，但我希望法國人和義大利人發揮他們的力量，促進經濟發展。歐洲經濟發展取決於歐洲央行內部的鬥爭如何結束，如果主張穩定的鷹派繼續當道，經濟就不會迅速成長，也不會消除失業現象。如果美國一如既往，仍然是帶動世界經濟繁榮的火車頭，才能避免經濟衰退。歐洲大型企業集團中，只有在全球有影響力的公司才能有發展機會，那些只在本國市場經營的公司則無發展機會。反之，如果歐洲央行回到不僅考慮貨幣供給額，也考慮經濟發展的政策上，將會看到歐洲經濟高度繁榮。到那時，所有障礙都會被消除，股市會繼續看漲。

第6章 行情上漲的秘密

假如證券市場只受前一章所描述的因素影響，就會隨著經濟的發展緩慢向上漲。但我們知道，狗是來回奔跑的，證券市場在長期的經濟成長過程中會多次反覆大漲大跌。經濟繁榮之後，證券市場雖然很少恢復到牛市開始時的水準，但在這段時間，行情將來回波動得非常厲害，主要受中期影響因素決定，包含兩個組成部分。

一是貨幣。貨幣對證券市場而言，就像氧氣之於呼吸，或汽油之於引擎一樣的重要。沒有貨幣，即使未來形勢大好，世界充滿和平，經濟一片繁榮，行情也不會上漲。如果沒有剩餘的錢，就沒有人買股票。我們可以說，貨幣是股票市場的命脈。

貨幣＋心理＝趨勢

但是單靠貨幣，股票市場也不會起變化，還要加上另一個心理因素。如果投資大眾的心理是負面的，沒有人想買股票，股市也不會漲。只有在貨幣和心理都呈正面時，股價才會上揚。兩個因素都是負面時，股價就會下跌。

如果一個因素呈正面，另一個因素呈負面，發展趨勢就會持平，也就是說，股市行情平淡、無趣，不會出現大幅波動。我的公式由此得出，同時也成為我的信念：貨幣＋心理＝行情發展趨勢。

如果某個因素略占上風，便會透過略微上漲或下跌的股價呈現出來，這要看哪個因素更強。只有當一個因素發生逆轉，使兩個因素同時變成正面或負面時，才會出現行情大漲或大跌。

結論是，如果大小投資者願意且有能力買股票，股價就會上漲。他們願意購買股票，是因為他們對金融及經濟形勢抱持樂觀看法；他們購買股票，是因為口袋裡有足夠的流動資金。這就是行情上漲的全部秘密，即使是經濟呈現不利的態勢，也都適用。同樣的機制也會起反向作用。當一般大眾非常悲觀，負面評價未來，而且缺少現金，一方面因為大眾可以將錢投資到其他地方，例如房地產、儲蓄或債券，賺取更高的利率；一方面也因為貸款取得更加困難。如果缺少想像力和資金，股價就會跌到谷底。

我認為對中期證券市場，貨幣比心理因素更具決定性作用。如果貨幣因素是正面的，那麼到了一定時候，心理因素也會變成正面的。

如果有很多剩餘資金在金融機構內流通，據我的經驗，這些流動資金的一部分最晚在九到十二個月之後，便會流進證券交易市場，即使此時大多數的投資者對股票仍持負面態度。在此階段，第一批的買進交易遇到的是完全淨空的市場，這時股價開始上漲。上漲的股價使大眾對股票產生興趣，於是繼續出現買進交易，吸引新的買主，如此循環不已。

股市名嘴和分析師總能為行情上漲找到原因，因為經濟面從來就不是全黑或全白。如果無法說明當前的經濟現狀，必定會用未來的正面發展來解釋上漲趨勢。接著，正面的評價逐漸改變大眾的情緒，貨幣不斷流向股票市場，使行情繼續看漲。

反之亦然。如果貨幣因素是負面的，大眾的心理狀態在九到十二個月之後也會轉成負面狀態，即使經濟第一線的消息仍相當正面，如果沒有新的資金，行情還是無法上漲。如果大家期待的股價上漲沒出現，第一批人就會失望地退出股票市場。第一批賣出交易把股價壓低，引發進一步的拋售，如此循環下去。這時名嘴仍然可以找到負面消息，當成股價下探的理由，這時，整個情緒已經改變了。對於中期的證券市場發展，貨幣至關重要。因此，投機者必須密切注意影響貨幣的各種因素。

證券市場像二手車市場

我已經解釋過，證券市場不是經濟狀況的溫度計。股價發展經常和市場狀況背道而馳，景氣好的時期，企業把所有資金用於直接投資，過去二十年，特別是美國，並未看到股票回購的現象。

相反地，當企業需要籌措資金時，會利用股票市場增資，如此一來，上市公司的股票數量增加，供給因此擴大，某些公司甚至還會出售資產組合中其他公司的股票，導致市場出現數量龐大的新股票。

證券市場和二手車市場相似。每當大汽車公司推出新車種時，汽車銷售商便異常活躍，甚至在價格上對客戶優惠，或免費提供附加配備，這時二手車的價格就會下跌。反之，如果新車交貨期要等上幾星期或幾個月，而且新車種並不吸引人，也不在價格上讓步，這時二手車市場就會活躍起來，價格也隨之攀升。

在證券交易所上市的股票便是資本市場上的二手車。如果資本市場充斥許多有題材的新上市有價證券，已經在證券交易所上市的股票就會下跌。但如果新的投資標的愈來愈少，剩餘資金就會流入證券交易所，也就是說回流到「二手車」市場。

後一種情況發生在經濟衰退時。由於經濟和需求停滯，新投資的獲利能力無法獲得保障，企業因此放棄或延後投資計畫。他們不會透過增資來發行新股，反而用剩餘資金買回自己公司的股票，以維護股東權益。當資本積累超過了產業投資的需求時，剩餘資金就會自動流向證券交易所，投資到已經上市的有價證券中。

同時，經濟危機讓很多人害怕失去工作或收入，因此更加處心積慮存錢，於是消費萎縮，存款增加。一部分的存款會轉移到股市，或是透過投資基金、和基金相關的人壽保險，還是透過其他途徑，結果總是相同：需求增加。因此在經濟衰退時，就會出現股利和企業利潤減少，而股價卻看漲的現象。

資金閘門等著打開

德國的戰後發展就是典型的經濟形勢和股市行情反向的實例。大規模的重建從一九四八年的貨幣改革開始，當時，股市可以運用的資金很少，儘管股價緩慢上升，但仍然停留在相對較低的水準，沒有恢復到原來的實際價值，雖然當時的心理因素完全是正面的。

一九五二年以後，工業大規模擴張，景氣吸收了所有可以利用的資金，用於證券交易的資金所剩無幾。每天早晨，我在報紙上都能看到自相矛盾的奇怪現象：公司取得傲人的成績，股利增加，而股價卻不停下跌。

為了在經濟景氣復甦階段預防通貨膨脹，德國政府採取限制貸款的措施，迫使企業發行新股票或債券。德國最大的幾家企業發行利率超過八％的債券，在當時是非常高的利率，證券市場充斥著大量證券，卻沒有足夠的資金購買，雖然大家普遍都很樂觀。

股市看來毫無希望，當工業擴張的速度放慢，甚至出現停滯時，聯邦銀行放寬貸款規定，打開資金閘門。吸入第一口「氧氣」後，市場重新活躍起來，股價直線上升，速度之快，前所未見。

多年來被壓抑的漲勢潛力，引發了真正的股價狂飆，因為資金和心理因素同時轉成正面。正如我所確定的，資金是證券市場的氧氣，過去如此，將來亦復如是。

通貨膨脹：只有與之對抗才有害

股市交易者怕通貨膨脹，就像魔鬼怕聖水一樣。他們時刻警惕，睜大眼睛，觀察每項統計數據，不管是消費者價格、生產者價格、還是計時工資或勞動力成本指數，只要有一個數字提高，情緒就會變壞，股價就會下跌，很多人因此斷定通貨膨脹不利股市交易。但這種觀點只有部分是正確的，通貨膨脹對股票並無負面影響。甚至，追根究柢而言，股票和其他有形資產一樣，必須靠通貨膨脹帶動。

只有中央銀行為消除通貨膨脹而採取的各項措施，才會對股市產生負面作用。前面描述過的德國戰後發展的例子就是這種情形。當時景氣過熱，以致聯邦銀行透過升息來降溫，以免引起通貨膨脹。

大家可能會問，如果像我在前面一章所說的，通貨膨脹是刺激證券交易的興奮劑，為什麼聯邦銀行要打擊通貨膨脹呢？這就像酒精和尼古丁，沾上一點，算是興奮劑，但是如果連續不斷抽菸和酗酒，結果就不然。說得白一點，通貨膨脹就像是加溫中的浴缸，坐在裡面很舒服，但必須小心，隨著溫度升高，水也會燙傷人。

通貨膨脹如果失去控制，就會導致經濟危機。當經濟高度繁榮促使需求增加，生產和服務提供者無法滿足需求時，供需失衡將引發原物料價格上揚，由於工業需求提高，重要的原物料便會漲價。

一段時間後，零售價格也會受到影響，一般家庭的生活開銷費用增加，購買力降低。於是工會要求漲工資，工資增加後，使生產成本也增加、服務價格上漲，零售價格繼續上漲，工會則再要求漲工資。於是形成工資和價格互抬的螺旋，最後導致通貨膨脹失控。

結果是貨幣嚴重貶值，以至於實際利率（名目利率減去通貨膨脹率）成為負值。為免遭貨幣貶值影響，民眾紛紛提出存款，購買有形資產，包括黃金、名畫、郵票、骨董等，資金從金融體系中被抽走，經濟體缺乏投資資金，導致大批裁員，最後形成嚴重的經濟危機。

金本位制時期的法國就是這種情況。法國人對黃金情有獨鍾，所以他們把大部分的存款投資到黃金上，而經濟體恰恰需要這些資金，導致法國經濟持續多年委靡不振。直到七〇年代，金本位制取消後，法國經濟才得以復甦。

但德國聯邦銀行進行的卻是一場像唐吉訶德對風車一樣的大戰。通貨膨脹是無法預料的，聯邦銀行的銀行家一再引用德國發生過兩次嚴重通貨膨脹的教訓，但這種比較非常可笑。那兩次通貨膨脹均發生在戰爭失敗後，德國一片廢墟，能用馬克購買的東西都遭到破壞。我們怎能用當時的局面和今天做比較？何況七〇年代發生的通貨膨脹，並不是需求型通貨膨脹，而是外在刺激，即兩次石油危機引發的。

投機者必須密切注意通貨膨脹，也應估計各國中央銀行對通貨膨脹的反應。

通貨緊縮：證券市場最大的災難

事實上，通貨緊縮現已不復存在。金本位制時期，中央銀行為了維護本國貨幣，有時不得不引發通貨緊縮，但今天，各國中央銀行已擁有自主權。通貨緊縮時，貨幣供給額持續短缺，可利用的流動資金愈來愈少，消費者什麼也不想買，因為明天買可能會更便宜；企業也不進行投資，因為他們生產的產品價格，或提供的服務，乏人問津，價格不斷下跌。在這種情況下，股市崩盤顯而易見。

這時只有一樣東西有用：現金。我一直批評德國聯邦銀行，雖然聯邦銀行沒有造成真正的通貨緊縮，但離通貨緊縮很近了。聯邦銀行把貨幣地位置於如此崇高的地位，造成德國人膜拜神聖的馬克，但膜拜貨幣的人就不會進行消費和投資，這妨礙了德國創造第二次經濟奇蹟。

中央銀行：利率的支配者

過去幾年中，美國聯準會主席葛林斯班成為全世界金融市場最重要的人。自從他在道瓊指數達到六千點時，表示華爾街過於亢奮後，大家便全神貫注聆聽並分析他所說的每一句話。大家稱葛林斯班是利率的獨裁者，他的確是，但大家高估他的力量了，因為連他自己也不知道，三個月後該如何決定利率。有太多因素要考量，包括：工資、原物料價格、消費、生產率等。和其他人一樣，葛林斯班可以預測經濟發展，但他對股票指數飆漲的警告，也只約束了華爾街幾天。

如果利率發生變化，對證券市場來說意義重大。藉著短期利率，中央銀行決定銀行以何種利率進行再融資。銀行把利率加上獲利轉嫁給客戶。利率是支付貨幣的價格，利率愈高，即貨幣的價格愈高，將導致貸款的需求降低；利率愈低，貸款的需求愈大。中央銀行就是透過這種途徑控制貨幣供給額。

如果經濟處於衰退或停滯，中央銀行就會降低利率，令企業或企業家以較優惠的方式貸款，此時企業負責人會計畫新的投資，因為在利率低的時候較有利投資。同樣地，如果消費者必須支付的貸款利率變低，他們便願意以貸款來購買房子、汽車或其他消費品。因此，消費品的需求便增加了。

理論上是這樣運作，但實際上的情況卻是由於經濟衰退，企業主看不到需求，也就減緩投資計畫。而來自經濟面的消息很糟，悲觀情緒在企業家和大公司負責人中蔓延，在這種環境下，連消費者也害怕失去工作，因此盡量減少支出和負債。

中央銀行創造的新貨幣，並沒有用於直接投資或消費，而是流入股市，這種情況出現後，股市上漲，甚至大漲，儘管來自經濟面的消息仍然很糟，而且企業的獲利和股利下降。而這一過程可能持續一年以上。

只有當經濟形勢逐漸好轉，投資和消費才會增加，同時也帶動企業獲利上升。如果經濟發展速度適中，不會發生通貨膨脹，中央銀行便不會馬上升息，而讓利率維持在低水準，以免影響經濟成長。在此階段，直接投資和消費也不會吸收全部資金，因此流動資金可以繼續用於證券市場。隨著引人注目的企業獲利，股價繼續上漲，這時基本面也看好，引起投資人對股價的想像，讓行情迅速飆升。

八〇年代初，自美國聯準會成功抑制由石油危機所引發的通貨膨脹恐慌後，便一直試圖保持這種平衡。

雖然有些波動，美國聯準會還是十分成功的維持平衡，這是道瓊指數史無前例從一千點以下暴漲到超過一萬一千點的原因。從今天的角度來看，我只把一九八七年十月發生的股票崩盤看成是景氣過程中的小小停頓。聯準會多次升息，加上過度投機，導致這次崩盤。但崩盤後，聯準會再次降低利率，過沒多久，華爾街再創歷史新高。

只要中央銀行能夠維持這種平衡，股票就會在波動中繼續上漲，下跌趨勢也會消失。很多事實都證明這點，因為今天各國的中央銀行都有自主權，只要經濟面顯出一絲過熱跡象，就能立即採取最簡單的步驟加以控制。

同樣，當經濟面臨衰退威脅時，也能立即降低利率。但如果某個時候，中央銀行不再能在衰退和過熱之間保持平衡，而經濟成長速度無法控制（美國目前最有這種危險），再加上通貨膨脹率增加，後果就會相當嚴重。

在這種情況下，為免通貨膨脹失去控制，中央銀行不得不大幅升息。利率提高後，遲早會產生深遠影響，不僅影響心理，也影響經濟和股市。首先影響的是股市，且是負面的方式。由於利率上漲，貨幣供給額縮減，流動資金漸漸停止流入股市。以融資方式購買股票的投資者，由於貸款成本提高，不得不賣掉股票。此外，升高的存款利率和股票競爭，也使股票價格開始下跌，而且在業界消息仍然有利時，大部分的股票就開始下跌了。

利率敏感度

因高利率而導致的經濟危機，要等到企業因為融資成本太高，停止或延後投資時才發生。出於同一原因，消費者也會減少貸款，於是需求相對降低。原則上，至此通貨膨脹也會緩和，因為中央銀行可能已降息。如果通貨膨脹已處在工資和價格的螺旋上升階段，或處在通貨膨脹恐慌階段，通貨膨脹就要持續一段時間才能獲得控制。

證券市場對利率提高或降低的反應有多快，要看大眾的態度。如果市場參與者和幾年前一樣，對利率非常敏感，他們就會在通貨膨脹剛出現時做出反應，賣掉股票，或至少停止買進股票。人們已經有預期中央銀行提高利率的心理，等到利率真的提高時，大家的反應反而變小了。

相反地，如果投資者重視企業獲利及經濟指標，就可能發生即使中央銀行多次升息，股票行情仍然繼續上漲。此時，就會出現落差，同時也為投機者提供機會。因為，最遲十二個月後，價格會跟上貨幣。因此中央銀行強勢升息後，價格回跌只是早晚的事，而之前的情緒愈亢奮，崩盤的情況就愈厲害。誰如果看出這種落差，便可及時退出市場，而放空的投機者便能大撈一筆。

一九八七年的華爾街便曾說明這種情況。聯準會從年初便開始多次調高貼現率，儘管如此，股票指數仍然屢創新高紀錄。而指數從八月的兩千七百二十二點，跌到十月十九日的一千八百點，也是一個相應的紀錄。這當然也給投機者提供了機會。

只要利率下降，大家就毫不遲疑進入股票市場，這種現象過去幾年來經常發生，而我對七〇年代曾發生的事，至今記憶猶新。一九六七年初，當詹森（Johnson）總統希望透過提高稅收控制美國的通貨膨脹，並向國會提交了和此相關的法案時，他把利率維持在低水準，提高貨幣的供給量。

詹森總統在一九六七年初宣布：「我將盡一切力量降低利率。」聽到美國總統說出這樣的話，股市交易員就像從彈簧床上跳起來一樣，跳進華爾街。隨後，指數大漲，而當提高稅收的法案在國會擱置了兩年時，股市漲勢更加迅猛。

債券：股票的競爭者

除了短期利率，長期利率對貨幣同樣具有重要影響力，主要來自資本市場中的債券利率，債券也被稱作固定利率證券。債券的（實際）利率愈高，對股票的競爭愈激烈。所有投資者，無論是大型保險公司或退休基金的基金經理，還是小儲戶，都必須選擇一種投資方式，是股票，還是債券？

關鍵在債券支付的利率高低，如果債券利率高於通貨膨脹率和股票股利，大家就會選擇債券。如果長期債券的利率低，投資者便甘冒更大風險，轉而投資股票。結論是債券市場的利率愈高，可供股票市場利用的資金愈少，反之亦然。

長期利率不是由中央銀行決定，而是由供需決定。如果國家或企業因籌資需求增大，而大量發行債券，便必須提供具吸引力的利率，才能把債券推銷出去。景氣好的時候，企業為了籌集資金，不僅可以發行股票，也可以發行債券集資。如果發行量超過需求，就必須提高利率。

反之，如果國家或企業需要的新資金數量較少時，長期利率就降低。

當然，短期和長期利率彼此關聯，例如當短期利率和長期利率一樣高時，儲戶就會將資金放在短期投資，因為當短期也能獲得同樣高的利率時，沒理由長期擱置資金，於是對長期債券的需求也就降低。

如果情況相反，長期債券利率明顯高於短期利率，投資者就會爭先恐後買債券，但企業卻只願以便宜的短期利率籌措資金，結果是，對長期固定利率的債券的需求上升，而供給量卻下降，使行情上漲，因此導致殖利率降低。在這種情況下，還會出現所謂的利差交易，操作情形如下：大家先去短期貸款，假設利率為三．五%，然後再投資到利率七%的十年期債券，如此幾乎可以不用任何資金，就每年賺取三．五%的可觀利差。如果許多投機者、基金經理和資產管理公司蜂擁投入，十年期債券的需求當然增大，就會讓債券的行情上漲，同時也縮小利差。

但是利差交易的風險比想像的大，如果利率在短期內大幅度上升，十年期債券的融資成本就可能增加，超過該債券的殖利率收益。當然，投機者也可隨時賣掉債券，但如果利率已經漲到高點，投機者就會在債券上蒙受巨大損失，因為債券的行情總是不斷變化，讓殖利率和實際利率相應。

一般情況下，在由供需決定的債券市場，短期和長期利率間的依賴關係已被考慮。只要通貨膨脹略微增加，長期利率便會因為央行升息的預期而立即開始上漲。相反地，如果由於經濟成長衰退或物價上漲率減小，債券利率也會因為央行降息的預期而下降。有時也會出現長期債券利率在一定時間內跌到低於短期利率的情況。

外匯：美元走勢如何？

引入歐元時，不斷有人問我歐元對證券市場是有利，還是不利。我當時的答案和現在一樣：我不知道，而且我相信沒人會知道，正如大家不太知道剛出生的嬰兒會是天才還是白痴一樣。

大家關心這個問題是必然的，因為外匯會間接影響貨幣。中央銀行不但要關注本國貨幣的穩定性，也要注意本國貨幣匯率的變化，不然怎麼稱中央銀行是貨幣的守護者呢？當本國貨幣疲軟，可能導致通貨膨脹時，中央銀行會先以外幣購買本國貨幣，透過干預外匯市場支持本國貨幣。但如果中央銀行的外匯存底不夠，那麼就只剩下升息一途。

相反地，當本國貨幣升值幅度太高，以致出口產業失去國際市場競爭力時，便會降低利率。瑞士和德國長年存在這個問題，然而聯邦銀行一直只重視貨幣的穩定，所以失去了幾十萬個就業機會。

另一個影響因素則是在兩種貨幣之間的利差。如果一個國家的利率特別低，另一個國家特別高，當然就可以用利率低的貨幣貸款，投資利率高的貨幣。過去幾年，在日元和美元間所進行的利差交易，規模大得驚人。大投機家和所有的避險基金都以便宜的日元貸款籌資，購買幾十億美元的美國債券。

購買利潤率為六%的美國債券，再以利率為一%或二%的日元貸款籌措所需資金，這是一個不需數學家就能想出的主意。假如我年輕四十歲，也會這樣做。賺取七%的利率，只用一%還債，連小孩都想得到。其中的風險只在某天日元升值過多，屆時匯率上的損失，將吞掉利率差額，甚至損失更大。於是避險基金驚惶失措賣掉手裡的美國債券，使債券市場陷入巨大賣壓中，令美國長期利率向上飆升。如此一來，美國的貨幣走勢竟純粹因為日元過於堅挺。而這種危險也存在於當日本經濟狀況好轉或日元過於疲軟，日本銀行升息時。即使發生原因截然不同，但結果卻是一樣，如果日元貸款利率過高，投機者同樣必須結算兌現，賣掉美元債券。

一九九四年，當聯準會略微升息時，債券市場便經歷了類似情況，金額達幾十億美元的債券買進交易是以低息的美元短期貸款籌措資金。真正的恐慌接踵而來，一連幾天，大家幾乎無法把美元債券賣掉，一家避險基金因此損失了幾十億美元。

正如讀者所見，金融市場處處潛伏著無法預料的事，影響貨幣走勢，投機者必須密切注意，從中做出自己的結論。如果結論正確，貨幣走勢便會按預期般的發展，之後只須再對市場心理進行「分析」，就可以判斷股票市場的未來發展趨勢。

大眾怎麼想

之前提過一九八七年發生的事，當貨幣轉為負面因素的九個月後股市崩盤。一九九四年，債券市場崩盤時，升息幅度幾乎和一九八七年一樣大，但股市僅略微下跌，當貨幣因素稍有好轉，成為正面因素時，股市便開始暴漲。一九九四年和一九八七年間的差別何在？答案是大眾的心理狀態。

一九八七年，過分樂觀的情緒占主導地位。二十五歲的哈佛大學畢業生受高薪吸引進入投資銀行。一九九四年則相反，雖然道瓊指數在此之前創新高，卻有更多的股市看跌大師，而非樂觀主義者，大投機家多從事空頭投機，而不是多頭投機。

事後做分析並不難，但大家真能預測大眾的未來心理嗎？大眾心理隨時都會發生逆轉，原則上，這是一種心理分析，不必分析每個人，而是分析大眾的心理，因為證券交易是種大眾心理學。如果你想了解這個現象，我推薦閱讀古斯塔夫・勒龐的《大眾心理學》。

在我一九六二年出版的第一本書《這就是股市》（*Si la bourse m'etait contée*）裡，我仍然認為心理是無法估計的。我曾把此書寄給表哥卡托那（George Katona）看，卡托那住在美國，但曾在德國念大學，是經濟學教授，專門研究經濟心理學。他的專著《大眾消費》、《心理經濟學》、《消費者和企業家行為》，直到今天還是這個受冷落的領域中的標準作品。讀過我的書之後，卡托那寄來一封信，表示他很高興讀了我的著作，大部分認同我的看法，只有一點，他和我的看法不同，我認為證券市場投資者的心理反應是無法估計和計算的。「投資者的心理反應是可以衡量和估算的，」卡托那補充說：「等我夏天去巴黎時，再向你解釋。」遺憾的是，不久後，他就去世了，也永遠欠我一個解釋。

後來，我對此思考良久，是什麼原因促成他認為大眾心理是可以預測的。這個問題對投機者而言十分重要，經過長期的思考，我得出一個結論，每個人或大眾深層的心理動機和反應，實際上無法預料。但加在一起的強度，亦即大眾心理反應的強烈程度，還有大致出現的時機，有經驗的證券交易者是可以猜測到的。說預言也許太沉重了，但我為此設計一種模型，隨後會對這種模式進行解釋。

第7章 證券交易心理學

我把證券市場對利多、利空消息做出反應的強烈程度，稱為市場技術狀況。和多數人相反，我所理解的市場技術不是圖表、震盪指標、隨機指標，或其他亂七八糟的東西。**對我來說，技術狀態只和一個問題有關：股票掌握在什麼人手裡？**

我把投資者分成兩類：固執的和猶豫的。固執的投資者，是按照我的解釋下的投資者和投機者，長期來看，是證券市場中的勝利者，他們的獲利是由猶豫的投資者支付的。而證券市場中的玩家，就是猶豫的投資者。

固執的投資者和猶豫的投資者差別何在？**固執的投資者須具備四種要素：金錢、想法、耐心，還有運氣**，當年普魯士陸軍元帥老毛奇（Von Moltke）曾把這四點視為作戰勝利不可或缺的四要素。

是否有錢？

根據我的定義，一個人是否有錢，關鍵不在於他有多少資產，而在資產是否完整無缺，有沒有負債。例如，某人有一萬馬克資產，但他只花五千馬克購買有價證券，而且不負債，這樣就算有錢。相反地，擁有一億馬克資產的超級富翁，花兩億馬克購買股票，就不算有錢，因為他只有負債（價值兩億馬克的股票減去一億馬克的自有資本，等於一億馬克的負債）。在股票交易生涯中，我有時也會欠債，而結果幾乎都是負面的。記憶中，最痛苦的一次經歷發生在五〇年代，當時紐約證券交易所正在蓬勃發展，在我看來，當時具有革命性的新產業，如電子和電腦業前景看好，於是我買了這些企業的股票，因為想提高利潤，我另外又融資買進，直到用完所有的信用額度。

當時美國總統是艾森豪，他是戰場上的英雄，在其他方面卻不是天才。艾森豪在美國人民心中享有崇高威望，有關他和德國影星瑪蓮・黛德莉（Marlene Dietrich）的緋聞對他絲毫無損。對華爾街來說，人民信任他們的總統，是非常重要的，至於他屬於哪個政黨，則是次要的。還有一年就要舉行下屆美國總統選舉，大家相信艾森豪將軍將連任美國總統。我想，證券市場會預見這件事。

但後來發生了出人意料的事。一九五五年，艾森豪總統突然心臟病發。第二天，華爾街股票下跌了一〇%到二〇%，跌入谷底。我被經紀人追繳保證金，但由於信用額度已全部用完，不得不賣掉大部分股票，當然全都賠錢。這時艾森豪能否參選，似乎成了問題，大家擔心事態繼續惡化，嚴重的不安情緒蔓延開來。很多和我一樣負債累累的同事也不得不拋售股票，於是更加快下跌速度。幾天後，艾森豪的健康狀況迅速好轉，股市開始上漲，很快恢復到原來的行情，某些股票後來甚至漲了十倍，但對我來說，為時已晚。

幾年之後，我再次陷入類似的境地。一九六二年二月，我全部資金都投入巴黎證券交易所，但這次沒有借錢。當時，阿爾及利亞正在打仗，法國總統戴高樂將軍想放棄阿爾及利亞，但因為法國人民在這個問題上的態度不一，他不得不來回周旋。這時又發生了意想不到的事，四名法國將軍策畫了反戴高樂政府的暴動，想阻止戴高樂放棄阿爾及利亞，國家危機一觸即發。當天晚上，巴黎的氣氛高度恐慌，還有傳言說傘兵正在占領巴黎。

我決定第二天不到證券交易所去，我幹嘛要再加重精神負擔呢？於是我去了「路易斯之家」（Chez Louis）餐廳（一家國際知名的捷克酒館），這是當時影視界和新聞界名人聚會的地方。當證券交易所的一位同事偶然走進餐館，告訴我發生的事情時，我正在研究菜單，根本沒想到證券交易所。他告訴我，一場名副其實的血腥屠殺事件真的發生了，股票崩盤。「是嗎？」我輕鬆地問他，心平氣和地享受午餐。

我對戴高樂將軍在這場衝突中勝出，深信不疑，而且因為沒有借錢，所以也沒什麼好擔心的。果然不出我所料，危機很快過去了。晚上，戴高樂將軍發表著名的電視談話，他向法國各界呼籲，這個時候全法國都站在他這邊，四名策反的將軍繳械投降，從證券交易的角度來看，已經彌補了一半損失。第二天，「恐怖的屠殺」已經被人遺忘了。

從這兩次經歷中，我得出肯定的結論：絕對不要借錢買股票。

要有自己的想法

明智的股票交易者都有想法，至於想法是對還是錯，開始時無關緊要；重要的是必須三思而行，而且有想像力。投資者必須相信自己的想法，如果已定出戰略，便不可再受朋友影響，也不可因大環境或時事而改變初衷，否則再天才的思慮，也無濟於事。因此，我還要在陸軍元帥老毛奇的四個要素上，再加上一個要素：信念。

我在投機沙皇和德國債券的例子時，已經解釋過想像力對投機者的重要性。**我非常贊同愛因斯坦說過的話：「想像力比知識更重要！」**

以下經歷可說明，有時投機者的想像力是無遠弗屆的。戰爭剛結束時，義大利的形勢非常特別，這個國家幾乎沒有遭受戰爭破壞，大多數工廠完好無損，但由於原料短缺，工廠無法開工，而且義大利也無法購買原料，因為沒有外匯。

義大利和美國共同計畫，幫義大利擺脫了困境。根據雇傭工作合約，美國向義大利提供毛線、棉花、人造絲等原料，這些原料在義大利的工廠加工後，一部分成品當成款項運回美國，其餘則在國內市場銷售，甚至出口到歐洲其他國家。從一九四六年開始，義大利的紡織業欣見新繁榮，米蘭證券交易所也重獲新生。

在美國，大家對歐洲的評價比較悲觀，當我從美國到歐洲時，驚訝地發現，米蘭大教堂附近的高級商店，各種棉質、絲綢和毛線製品琳琅滿目。我立即萌生投機興趣，我向一位朋友諮詢，他是米蘭證券交易所的經紀人。「現在才投資太晚了，」他說：「好股票已經漲得太高，行情太貴，而那些行情不好的股票，又沒有看漲的理由。」我剛從美國回到歐洲，對歐洲的情況還不熟悉，他肯定比我了解得多。於是我對他的看法表示滿意，只好放棄吃這塊「蛋糕」。

幾星期後，《新蘇黎世報》（*Neuen Zürcher Zeitung*）刊登的一條小消息引起我的注意。上面說加利福尼亞的大型汽車製造廠凱薩弗萊哲（Kaiser-Frazer）公司剛剛和杜林（Turin）的飛雅特（Fiat）公司簽訂合約，義大利飛雅特公司每年將按照合約生產十萬具引擎。我心想經營方式和紡織業如出一轍，股市的下一輪新星也許就是汽車了，幾分鐘後我便訂出計畫。

證券交易所開盤時，我問經紀人：「你說，最差的汽車股票是什麼？」

「你指的是最好的吧？是飛雅特。」

「不，是最差的。請你打聽一下。你可能覺得很怪，但我的確對最差的汽車股票感興趣。」

「好吧，」說完後，他便消失在人群裡。幾分鐘後，他回來了。

「聽說是法西尼（Isotta-Fraschini, I.F.），這家公司快要破產了。」

這個名字喚醒我的記憶，讓我想起戰前那種加長型的汽車，很多電影明星和大銀行家都喜歡開這種車。I・F・這兩個曾經象徵奢華生活的大寫字母，難道今天意味著「處於財政困境的企業」了嗎？

「你肯定？」我問。

他再次消失在擁擠的人群中。

「是的，再清楚不過了，法西尼幾乎快破產了。」

「好，現在我想買進一批這種股票。」

他臉上露出狐疑神色，不過還是以約一百五十里拉的價格完成訂單。滿足投資樂趣後，我離開證券交易所，幾天後，又離開這座城市。當我再次到米蘭時，已經過了好幾個月。經紀人馬上打電話給我：「親愛的朋友，恭喜你想出這麼好的點子。你是怎麼想出來的？你千萬別說你什麼也不知道。真是令人難以置信，法西尼已經漲到四百五十了。你一定想賣掉吧？」

「絕對不賣！」我指示他買進更多的法西尼股票。這次，他馬上就照辦了。連我自己都感到驚訝，因為一個憑空冒出的想法，竟然迅速獲得成功，於是我開始關注股價變化。它後來漲到一千九百里拉。

這個奇蹟是可以解釋的，因為我的想法正確。在經濟重建過程中，產業會輪流帶動，也就是復甦會從一種產業輪到另一種產業。義大利的汽車工業一向擁有良好聲譽，不時有外國金融家和實業家在此出現，考察義大利的經濟，制定計畫，讓義大利經濟復甦。為了對法西尼公司進行重組，重新恢復活力，其中一個集團接管了法西尼公司。今天，這家公司已經消失，和別家公司合併了。但對我來說，這是我最大膽、最成功的一次投機，永遠留在記憶中。

有耐心才能進入市場

「大家在股市裡賺錢，不是靠頭腦，而是靠坐功。」資深的法蘭克福股市交易員如此說。他們說得真對，**耐心也許是證券交易裡最重要的東西**，而缺乏耐心是最常見的錯誤，**誰缺乏耐心，就不要靠近證券市場**。

我把「投機中賺的錢是痛苦錢」當成座右銘，先有痛苦，然後才有金錢。開始時出現的總是與你想像的不同，最後才如你所願。如果投機交易中的各個要素都有效，剩下的只是時間問題，但大多數交易者都缺乏對當中發生的狂風暴雨處之泰然的耐心和膽量，他們一看到股價下跌，便立刻驚惶失措，賣掉所有股票。

我對股市有一個獨一無二的數學公式：「二乘以二等於五減一」。我用這個公式表示，最終發生的事情都會如你所願。二乘以二等於四，是最後結果。不過我們不是透過一條筆直的道路得到這個結果，而是繞了一圈。

這條公式剛好將藝術和科學分開，因為科學工作不可能用這樣的公式計算，二乘以二必須直接等於四。如果一名工程師造一座橋，從數學角度看，他的計算必須準確無誤。如果照二乘以二等於五減去一這個公式造橋，還沒等到得出四這個結果，橋就已經在五的時候倒塌了。如果投機者沒有足夠的耐心堅持到「減去一」到來，也會提前（在不祥的數字五出現時）崩潰。雖然最終他的邏輯保持正確，但卻已無法從中獲利。

還需要一點運氣

投機者當然也需要運氣。戰爭、自然災害、政局變動、新發明或騙局，都可能破壞投機的前提條件。例如，投機者把賭注押在生產緩解某種嚴重疾病，例如風濕病的製藥企業上，但過沒多入，一家和製藥企業競爭的生物科技公司卻出人意料地發現治療風濕病的藥品，這時投機者的預測便永遠不會應驗。他的分析雖然正確，但治療藥品的發現徹底推翻了前提條件，讓這條件變得毫無價值，這是他無法預知的。除了金錢、想法和耐心外，固執的投機者還需要運氣。只要缺少其中之一，都會馬上變成猶豫的投資者。

投機者如果缺少資金，甚至有債務，就不可能有耐心。似乎永遠都是如此，一切結果都是另一番面貌，股價和設想背道而馳，投機者不得不在事情對他有利之前，便售股兌現。

投機者如果沒有想法，就不會有策略，在此情況下，也不可能有耐心，因為他只會受情緒支配，隨著眾人起舞，別人買，他也買；別人賣，他也賣。

如果本來就沒耐心，那麼金錢和想法對投機者也不會有任何幫助。他不可能等到「減一」出現，因為在想法實現之前，只要遇到一點風吹草動，他就會把所有股票賠錢賣掉。

如果他總是一再錯失最起碼的運氣，那麼總有一天他會對自己和自己的想法失去信心，也會因此再次失去耐心。

股票市場的技術狀況，也就是說，市場對好消息或壞消息的反應程度，只取決於一個問題，股票是掌握在固執的投資者手中，還是掌握在猶豫的投資者手裡？如果固執的投資者掌握了大部分的股票，好消息就會有活躍市場的作用，而壞消息則不會造成任何反應。但如果股票控制在猶豫的投資者手中，即使特別好的消息也發揮不了作用，相反地，壞消息卻會導致崩盤。我稱第一種情況為「超買」的市場，第二種情況為「超賣」的市場。

科斯托蘭尼雞蛋

為了正確判斷市場是超買，還是超賣，大家首先必須了解上漲和下跌的內在結構，因此這兩者必須同時觀察。**在證券市場，漲跌是一對分不開的搭檔，如果分辨不出下跌的終點，就看不出上漲的起點，同樣地，如果大家辨別不出上漲的終點，也就預測不到下跌的起點**。

根據我的經驗，在證券市場裡，每一次的行情大漲和大跌（無論是股票、債券、原物料還是貴金屬，總之，在任何投機市場）都由三個階段構成：

——修正階段；

——調整或相隨階段；

——過熱階段。

因為漲跌的不同發展階段可以互相跟隨，所以我用橢圓表示，並稱之為科斯托蘭尼雞蛋（參見下頁圖）。

A1：修正階段（成交量小，股票持有人數量很少）。

科斯托蘭尼雞蛋理論

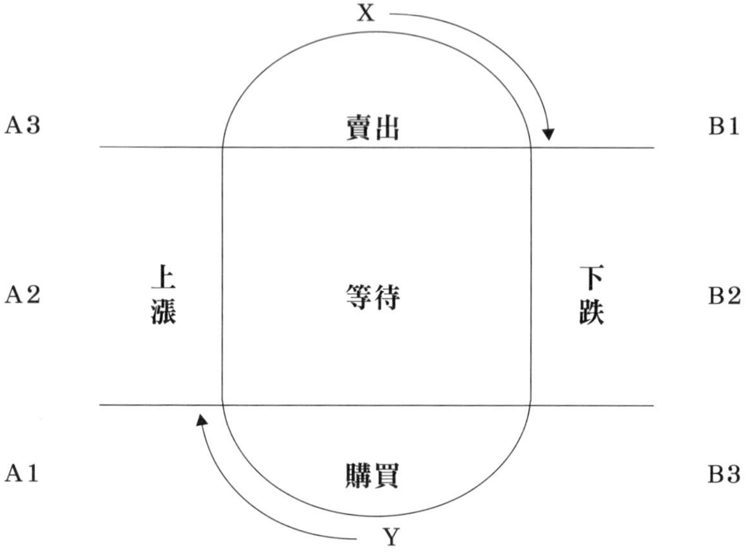

A2：相隨階段（成交量和股票持有人數量增加）。

A3：過熱階段（成交量異常活躍，股票持有人數量大，在X點達到最高）。

B1：修正階段（成交量小，股票持有人數量逐漸減少）。

B2：相隨階段（成交量增加，股票持有人數量繼續減少）。

B3：過熱階段（成交量很大，股票持有人數量少，在Y點達到最低）。

在A1和B3階段時，購買股票。

在A2階段，等待和保留股票。

在A3和B1階段，賣出股票。

在B2階段，等待和保留現金。

我以一九八二年至一九八七年八月出現的行情大漲，和隨後發生從當年八月持續到一九八七年十月十九日的行情大跌為例，解釋證券市場循環過程的內在結構。

憂鬱的一九八二

我們從一九八二年橢圓的最低點，即過度下跌階段的終點開始。此時，指數已在谷底滯留一年，在最低點時，美國《商業週刊》（*Business Week*）曾發表了標題為〈股票之死〉的專題文章，報導指出沒有人願意再買股票，大家只對黃金、房地產和各種有形資產感興趣。這種說法並不全然是錯的，由於石油危機，通貨膨脹率上升到兩位數，每個人都設法保護自己的財產，免遭貨幣貶值之殃。但這種說法也並非完全正確，證券交易所裡，一半的事實就是完整的謊言。雖然表面上已沒人願意再買股票，但在華爾街，每天仍然交易著五千萬張股票，這意味著有五千萬張股票被賣掉，但同時也意味著，有五千萬張股票被買進。證券交易所裡，每一筆賣出交易都對應著一筆買進交易，否則就不會有成交量，也不會有指數。「沒有人想買」，或「沒有人想賣」，這種話是證券交易評論中最愚蠢的一句話。

但在一九八二年那些陰鬱的日子裡，買進五千萬張股票的買主是誰？顯而易見，是固執的投資者。他們在經濟面的消息非常糟糕時，以拋售的價格囤積股票，隨後上漲的第一個階段，即修正階段開始了。這個階段由於成交量低，已經跌深的指數調整到比較切合實際和合理的水準，這時的買主仍然是固執的投資者。一九八二年底，當時比較正面的貨幣因素助長了修正階段。透過之前的高利率政策，美國聯準會成功遏止通貨膨脹，之後長期利率隨之降低。

接著，經濟和政治面的消息愈來愈好，美國擺脫了越南戰爭及美國駐德黑蘭使館人質事件普遍存在的恐慌。巨人甦醒，多數人認為他已經死亡，而我由於有二次大戰期間逃亡紐約的經歷，所以一直相信巨人只是睡著了。雷根總統重新喚醒巨人，幫美國人民找回自信。這時股票市場進入第二個階段，我稱之為相隨階段，在這個階段，指數隨著成交量的增加，和各種時事並行發展。時事有利時，指數自然隨之看漲，不利時，指數便隨之下跌。

八〇年代中期，各種時事發展都相當樂觀。石油價格崩盤，曾讓西方國家陷入能源危機的石油輸出國家組織被擊潰，通貨膨脹率幾乎下降到零。時任聯準會主席的保羅・沃克（Paul Volcker）得以繼續降息，經濟呈現出強有力的成長率，企業利潤激增，而由於一場真正的稅務改革，最高所得稅率降低至二八％，營業稅率降至三二％，創造出幾百萬個就業機會。

隨著這些十分有利的消息，指數上漲，帶動大家繼續買進股票。在第二階段，即相隨階段購買股票的人，我稱之為混血兒。他們既固執又猶豫，屬於傳統上對股票感興趣，並且已經積累一定經驗的投資者，他們及時發現開始上漲的指數，跟著投入市場，這些買進使指數繼續上揚。

第二階段發展至此，危險出現，在其他利多事件的推波助瀾下，第二階段會自動過渡到第三階段。猶豫的投資者買進股票，隨著成交量急驟增加，指數一小時一小時向上揚升。指數和情緒交替升高，指數上揚營造出愉快的情緒，後者又推動指數繼續上漲，這時指數已不具任何意義，完全由大眾的亢奮情緒決定。

本人也是狂熱投資者的牛頓，在倫敦股票市場如泡沫破掉一般崩盤時，把所有的錢都賠光了，在這種氣氛下，他說：「天體的運行軌道，我可以精確計算到幾公分和幾秒的差距，但我卻無法估算出一群瘋狂的人會把指數帶向何方。」

過熱的一九八七

一九八七年初，市場進入第三階段，即過熱階段。漲勢持續五年之久，指數上漲了百分之兩百，深深吸引了許多民眾。一九八〇年和一九八二年期間，猶豫的投資者曾經發誓永遠不再進入股票市場，他們失望地以最低的價格賣掉股票，把錢投資到有形資產，而現在他們想立刻再進入股市。

他們總是在媒體報導指數大漲，並且股票成為所有聚會的頭號話題時，買進股票。他們的朋友炫耀靠股票賺取了豐厚利潤，在深怕沒賺到的情況下，他們買下各種已經飆漲很高的股票，不找那些不為人所知、價值被低估的股票，而是投入朋友們已經從中賺了大錢的股票。總而言之，他們購買的是當下流行的股票。是誰用創紀錄的高價把股票賣給猶豫的投資者？當然是低價買進股票的固執投資者。

過熱階段可能持續一段時間，特別是貨幣因素依然有利，行情仍然繼續看漲。直到所有股票從固執的投資者手中，轉移到猶豫的投資者手中，漲勢才會結束。這時猶豫的投資者已經沒有現金了，他們只有滿手的股票，有些甚至是以融資方式買進的，而固執的投資者則握有現金。這時猶豫的投資者，在等待更猶豫的投資者，用更高的價格從他們手裡買股票，然而這樣的人並不存在。守著現金的固執投資者不會在這樣的行情下買股票。之後，當貨幣因素變得更負面時，崩盤一觸即發。

在一九八七年初的一次演講會上，因為我認為過多股票掌握在猶豫的投資者手裡，於是提醒大家注意股市過熱，有一名年輕人提出一個滿挑釁的問題：

「科斯托蘭尼先生，根據我看到和聽到的，目前的九〇％成交量是由基金經理和投資機構吃下的，難道他們也是猶豫的投資者嗎？」

我的回答很乾脆：「是的，他們當然是猶豫的投資者，他們跟在大眾後面跑，既缺乏想法，也沒有耐心。」

負責投資機構的基金經理是所謂的金童，是八〇年代雅痞的象徵。投資銀行、基金公司和保險公司，用高薪把他們從哈佛大學和倫敦經濟學院招聘到自己的交易部門，言明誰簽了合約，就可以在賓士、寶馬、捷豹或保時捷等名車中隨意挑選。這些自以為是的年輕人，年齡在二十五歲至三十歲之間，他們的經驗還不如證券交易所跑腿的小夥子，卻可以管理幾億的資金。一九八七年八月，他們的資金也用光了，甚至過度投資，不僅在股票市場，也在期貨市場。

原物料漲勢階段結束後，在期貨交易市場中的玩家不得不想出新的投機方法，於是開始從事股票指數的期貨交易。股票指數早就存在，歷史最久、也最有名的股票指數是道瓊指數，這只是一個小指數，只反映出三十家企業的股票平均價格，就是美國三十家規模最大的企業。另外就是標準普爾五百指數，正如該名稱所反映的，不但包括道瓊指數的三十種股票，還有其他四百七十種股票。

期貨市場以標準普爾五百指數為標的設計期貨合約，交易規模是以五百乘上指數，照當時三百四十點的指數計算，得出的數值約為十七萬美元。為了達成期貨交易，必須繳納六千美元保證金，不到總額的五%，這和用不到五%的自有資本和九五%的融資從事投機完全一樣。這種比例比一九二九年時還要反常，一九二九年時至少必須繳納一〇%的自有資本。

但期貨市場的運作方式比一九二九年的股票市場更為迅速、更有效率。例如大家做多期貨，當市場下跌時，經紀人會馬上要求補繳必要的保證金，即所謂的差額。如果不補繳差額，期貨部位就會自動被強制平倉，根據期貨交易所的規則，就會迫使經紀人立即進行結算。

亢奮之下的失序

這種新型的投機也為套利開闢新賭場。如果芝加哥的期貨合約比紐約的股票便宜，大的投資銀行便透過電腦在芝加哥買進，反之亦然。

一九八七年，由於成交量低，指數期貨交易掀起一場肆無忌憚的賭局。紐約一天的股票成交量，普遍低於芝加哥標準普爾五百指數的期貨合約成交量，這使期貨市場成為市場的主導力量。這時，不再是狗搖著尾巴，而是尾巴搖著狗。金童們瘋狂交易著，指數買盤推動市場繼續上揚。大家開香檳慶祝道瓊指數創下一個又一個的新紀錄，經紀人對成交量愈來愈高感到興高采烈，試著吸引更多的投資者進入這個賭局。

證券交易大師羅伯特・普雷希特（Robert Prechter），用艾略特（Elliot）波浪理論預測道瓊指數在一九八八年將達三六八六點，成為投資者眼中的明星。而他的成名也顯示股票已經掌握在猶豫的投資者手中了，任何略有經驗的證券投資者，都不會跟在自以為能準確預測道瓊指數的證券交易大師後面跑。大家可能會樂觀或悲觀，然而普雷希特的所作所為，卻是對人類理性的一種侮辱。

處在亢奮的狀態下，猶豫的投資者感覺不到貨幣因素已在此時轉成負面。前幾年，貨幣供給量的擴張曾是行情上漲的推動引擎，在此期間上任的聯準會主席葛林斯班，為了防止通貨膨脹，從一九八七年初到當年夏天，多次升息。在資本市場，長期債券利率上升了約兩個百分點。八月，道瓊指數達到二七二二點，耗盡了全部的能量，指數開始進入下跌的第一個階段，即修正階段。

在這個階段，只須少量的賣出交易，就足以使指數下跌，因為市場缺乏新的買主。

從八月至十月，指數首先緩慢下跌，投資者愈來愈緊張，下跌的指數又導致大家繼續拋售股票。十月中旬，市場進入相隨階段。美國和德國的關係緊張起來。美國對歐洲，特別是對德國，存在著巨大的貿易逆差，美國要求德國刺激國內經濟發展，使美國的企業也能向歐洲出口。這個要求完全正當，因為德國聯邦銀行實行過分嚴厲的貨幣政策，當時施萊辛格（Helmut Schlesinger）是央行副總裁，貨幣政策在全世界都遭到批評。

星期四和星期五，指數已經分別下跌一百點，跌幅達四％之多，市場氣氛緊張到極點。週末，當時美國的財政部長詹姆斯・貝克（James Baker）威脅說，如果德國聯邦銀行不準備透過降息促進本國經濟發展，美國將繼續使美元貶值，這時市場落入下跌的第三階段，即過熱階段。

在這個階段，僅僅下跌的指數就能引起黑色的悲觀情緒，反過來又壓低指數，指數如秋葉紛紛落下。

十月十九日，那些金童連最後一個要素——運氣也耗盡了，由於指數在前一週已經嚴重下挫，很多他們手中的多頭部位都須補繳保證金，但他們既不願意也無法補繳。於是，十月十九日開始一連串的強制平倉，使標普期貨合約行情繼續探底。指數下跌造成的損失，又使其他多頭部位需要補繳，於是引發第二波的強制平倉，又造成行情繼續下跌。雪崩已無法阻止，除了終止現有多頭部位外，金童們還賣出更多空頭合約，以對沖他們在華爾街擁有的股票部位。他們不願賣掉所有股票部位，寧願賣空期貨合約，因為這樣更為簡單、迅速，特別是成本更低。

美股長期走勢樂觀

今天這種策略仍在年輕的基金經理人之間流行，他們稱之為投資組合保險（Portfolio Insurance）。這完全是一派胡言，因為這種投資組合保險按照這種模式運作：為了買得起火災險，我要用賣掉房子的錢來買。我自己也無法理解，連有經驗的同行，也談論著在期貨市場對沖風險，其實只要一句話就夠：我賣掉了。大家只能透過買進賣權來保障自己，但從長遠看，代價非常高。

出售投資組合保險導致市場繼續下跌。這時指數套利交易當然方興未艾，期貨市場的行情一直低於現貨市場，相對引起華爾街拋售和芝加哥買盤。但這些購買交易並不能阻止因成千上萬的大大小小玩家被迫平倉所造成的指數期貨市場跌勢，所有人都想穿過這一扇門，就好像在電影院裡，有人喊著火了，於是所有人衝向唯一的逃生門，結果，雖然連一根火柴也沒有點著，卻死傷慘重。十月十九日，我碰巧在一位經紀人那裡，聽到電話鈴聲不斷，客戶非常激動地打電話來，但他們不像平時那樣下達指令：「把X股賣掉，並賣掉一半的Y股！」那些在高檔時進場的猶豫的投資者，只發出一條指令：「全部賣掉！」到下午四點，交易所收盤時，道瓊指數已經跌了五〇八點，崩盤發生了。

誰會在一九八七年十月十九日這天以拋售的價格買進股票？當然就是那些固執的投資者了。他們擁有資金，又膽大心細。相對地，猶豫的投資者卻把股票全部賣掉，舔著自己的傷口。大家開始找罪魁禍首，所有賭徒都一樣，一旦賺了，就是自己的功勞；如果賠了，總是別人的錯。罪魁禍首很快就被找出來，是根據程式交易的電腦，可憐的電腦當然承擔不起兇手的責任。同樣道理，吃不新鮮魚時所使用的刀叉也不用對消化不良負太多責任，罪魁禍首是變味的魚，或用華爾街的語言來說，是那些金童。

美國財政部長貝克的談話公正與否，並不重要，但有如一根針刺破了鼓脹的氣球，股市崩盤了。假如股票掌握在固執的投資者手裡，或許證券市場根本不會理會貝克的說法。然而，令我驚訝的是，第三階段只持續了一天。指數崩跌二二%或更多，我經歷過無數次這樣的情形，但卻不曾這麼快。我感覺像是生活在美國的歐洲人，向他紐約的朋友抱怨美國的天氣：

「冬天太冷，夏天太熱，春天和秋天氣候也不宜人。」

「你們歐洲不是也有四季嗎？」他的朋友問他。

「當然，」他回答說：「但不在同一天。」

當時，許多新聞記者問我是不是賠了許多錢，我回答說：「賠？真開玩笑，我一點都沒有賠。我持有的那些股票，即使是現在也比我買的時候高好幾倍。」

有人曾向法國首富，多家法國企業的大股東和最大的保險公司AGF最大的股東，提過同樣的問題，從這裡可以看出，那些在證券交易動物園裡玩耍的人是何等愚蠢。如果他賣股，股市就是因他而大跌。同樣，人們可以問匡特（Quandt）家族，寶馬的大股東和德國最富有的家族之一，如果寶馬股價因某種原因下跌，他們是否會大賠。只有那些高價買進、低價賣出的人才會賠錢，我沒這樣做，所以我不緊張。許多朋友在一九八七年十月十九日以後，向我妻子打聽我的情況，他們問：「安德烈怎麼樣？他緊張嗎？」「緊張？我看不出來。他和平常一樣，坐在沙發上聽音樂。」我妻子回答。當我只有全額付清的股票，那麼無論過去或現在，指數下跌時，我總是非常平靜。每當我意識到自己還有些不安時，總會想起我的好朋友奧格那・維瑞（Eugène Weinreb），他是一位經驗豐富的股市老手，十歲歲就開始投機。有一天，他的秘書急沖沖地跑來找他。「股票大跌，我們該怎麼辦？」他平靜地回答：「股票大跌？我應該激動嗎？我在奧斯威辛集中營待了三年……」

一九八七年，我不再是買方，我擁有足夠的現金，甚至賣掉一些股票，因為我預計行情會大幅回跌。當然，人人事後都可以這樣說，但我可以證明這一點。三十多年來，我一直是《資本》雜誌的專欄作家，一九八七年十月，我在九月最後一個星期五出版的《資本》雜誌上寫道：「即使華爾街也不是單行道，因此肯定會再發生下跌情況。」大家可能會認為，這不過是陳腔濫調，這種話誰都會說，因為下跌總是在某個時候突然發生。但我的讀者知道，只有看到危險時，我才會發出這樣的警告。八〇年代，在牛市期間，我經常在專欄裡寫華爾街，但從來沒用過這樣的語氣。無論如何，我在精神、心理和物質上做好準備，儲備現金。之後，不到一個月，便發生崩盤，這是運氣。我也無法預知什麼時候發生，只是鼻子比較靈敏，嗅出了火藥味。

這並不是我在專欄中的唯一預測，該文同時提到：「不過從長遠看，美國股票市場將看漲，這要歸功於蘇聯。」這個預測完全命中。正如我們所知，今天道瓊指數比一九八七年崩盤前，已高出近四倍。蘇聯和美國間的關係出現緩和，讓我可以如此樂觀。

讓我在崩盤後第一天就如此樂觀的，是美國聯準會主席葛林斯班說的話：「聯準會將竭盡全力促進經濟發展，如果有需要，我會用流動資金給所有銀行洗個澡。」對我而言，有了這句話，就等於解除危機了，重蹈一九二九年危機覆轍的可能性被排除了。葛林斯班這番話對每一位固執的投資者來說，都是進場的信號。貨幣成為正面因素，如此看來，下一個景氣時期即將到來。

經濟學家們則持完全不同的觀點。他們預計會發生嚴重的經濟危機。有三十三位經濟學教授在華盛頓開會。我當時的評論很簡短，但卻很有說服力：「三十三位教授，哦，這真壯觀，你們註定要失敗。」

一九八七年十月十九日後，很多想看熱鬧的觀光客前往紐約朝聖。他們心想，華爾街的富翁也許會像一九二九年那樣，從窗戶跳下去，但他們空等一場，沒人跳樓。雖然有大約五萬名的金童失去工作，但幸運的是他們並未失去生命。這波裁員並不令人遺憾，反倒像是有益健康的大清掃，畢竟是那些金童把華爾街變成賭場。

十月十九日的最低點接下來是修正階段，在利多消息的伴隨下，過渡到相隨階段。是什麼消息呢？蘇聯解體，德國統一，及新科技時代來臨。一九九八年再次發生過熱現象，人人都想進場參一腳，尤其是德國的新市場，掀起一場狂賭，連不知道股票是什麼的人都胃口大開，對股票躍躍欲試。

這種形勢下，肯定出現回跌，現在只是缺少刺破氣球的針。事實上，已經有三根針出現，東南亞金融危機、俄羅斯日益惡化的財政狀況，還有葛林斯班對過度投機提出的合理警告，使指數滑落。大家又預測全球將出現經濟衰退和通貨緊縮，為避免世界金融體系崩潰，美國聯準會再度打開貨幣閘門，這一舉措對固執的投資者來說，是進場的明確信號。貨幣成為正面因素，指數迅速恢復，速度幾乎和下跌時一樣快，沒別的可以期待了，經濟學家預測的經濟蕭條和通貨緊縮並未出現。

今天我們處於什麼階段呢？一九九八年的崩盤並沒有像一九八七年那樣對市場造成巨大的衝擊，這次的漲跌幅度都沒那麼大。復甦來得太快，以至於市場上所有的恐慌情緒都消失了。然而，一年之後，儘管指數已經創新高，但市場的恐慌情緒卻比一九九八年更甚。我認為目前正處在第二階段的末期，因為我看不到亢奮的徵兆。

差不多一年前，投資者還擔心出現通貨緊縮，而現在，他們擔心的是通貨膨脹和利率走高。人們愈來愈清楚認識到，生產力迅速提高，經濟擺脫通貨膨脹的威脅向前發展時，亢奮現象才會出現，股票市場才會進入上漲的第三階段。到那時，指數在暴漲後大幅滑落的情形便不可避免。

即使到了那時，我還是堅持一九八七年十月時的預測：從長遠來看，美國股票市場將繼續看漲。

第8章 暴漲和崩盤是分不開的搭檔

一九八二年至一九八七年間的證券市場走向，是很典型的週期，其實不論是股票、債券、原物料、外匯，還是房地產市場，都遵循著同樣的模式，包括過熱階段在內的漲跌，都是人類心理的反映，在恐慌和亢奮間起舞。暴漲和崩盤是一對分不開的搭檔，在經濟榮景下，暴漲的行情漸漸吹脹，最後不幸變成一顆氣球，用一根針刺一下就能戳破。**這是個永恆的法則：沒有不崩盤的股市，每一次的崩盤都以暴漲為前導，而每一次的暴漲都以崩盤收尾**。

證券市場四百年來的歷史便是一連串由暴漲和災難所交織成的，其中大多數早已被人遺忘，但有些事件改變了整個世界，被載入史冊。

十七世紀鬱金香災難

美麗的鬱金香成為崩盤和暴漲的象徵，這真是命運之神的諷刺。直到今天，對沒有經驗的玩家、基金經理和投資顧問來說，仍是座警鐘。這種花幾乎震撼了這個向來平靜的國家，十七世紀荷蘭的新興經濟欣欣向榮。一位由德國皇帝派到土耳其的公使布斯貝克（Busbeck），對一種被土耳其人稱作「頭巾」（Turban）的鮮花百看不厭。布斯貝克把這種花帶到西方，而花的名字則變成「鬱金香」。不久，大家便能在奧格斯堡（Augsburg）富格家族（Fugger）的花園裡欣賞這種花，園丁們努力使這種嬌弱的花適應北國陰冷的氣候，多年後，荷蘭人才瘋狂愛上這種花，而且到了痴迷的地步。

在成為荷蘭人瘋狂喜愛的花之前，鬱金香不過是一般市民房子裡的一抹色彩，後來卻逐漸成為社會地位的象徵。女士們精心挑選搭配她們香閨顏色的鬱金香，在別墅裡的鬱金香花毯，色彩華麗，甚至超過東方花毯。大家乘坐用鬱金香裝飾的馬車去旅行，每天都有鮮花節、選花大賽。蒐集鄰居沒有的鬱金香稀有品種，成為禮儀和時尚，鬱金香儼然是社會地位的象徵，和今天的現代名畫收藏一樣。

一位富有的船主想給他的競爭對手留下深刻印象，也為了讓自己揚名立萬，想出一個主意，那就是把一顆非常稀有的鬱金香球莖送給他女兒作為結婚禮物，而不是一顆特別美麗的鑽石。在邀請親朋好友欣賞這顆「寶石」之後，他特意準備了一桌酒席。鬱金香球莖洋蔥被放在他最漂亮的台夫特盤子的中央。當他還在和客人們一起散步花園時，一個陌生的水手，走進房子；他還不熟悉鬱金香。他準備吃一條鯡魚和一塊麵包時，目光落在了洋蔥上，他想，洋蔥和鯡魚搭在一起，味道一定很棒。他抓起洋蔥就吃了起來。主人回來了。可惜為時已晚，婚約還沒簽，結婚禮物就被吃掉了。不知道他是難過死還是氣死的，都有可能。

人們對鬱金香的痴迷持續了幾年，當人們富有後，就會想爬到社會階層的高處，有人就想到利用鬱金香來達到目的。附庸風雅的人開始裝腔作勢模仿海牙貴族的愚蠢行為。當鬱金香在他們的花園中光彩奪目地綻放時，花價開始上漲。鬱金香的需求量不斷增加，以致本土生產量已經無法滿足需要。不久，老練的金融家們將錢投資到鬱金香球莖上，至此鬱金香市場進入第三階段，巨大的成交量吸引了各式各樣、一直在阿姆斯特丹證券市場裡從事交易的玩家，鬱金香球莖的價格急遽上漲。

一六三七年，刺針出現了。鬱金香的大客戶不得不承認，在他面前的三百五十種鬱金香已經失去珍品的魅力。突然投機人士也意識到鬱金香出現通貨膨脹。每天都有新的鬱金香上市，我們現在不也正經歷著類似的情況嗎？

註定要發生的結局出現了。突然間每個人都想賣掉鬱金香，然而卻找不到買主。就這樣，鬱金香氣球爆炸了，一夕之間，鬱金香球莖還不如普通的洋蔥值錢。昨天還是百萬富翁的投機者，如今一貧如洗，成了「憂鬱的騎士」。這就是證券交易史上的崩盤現象，吹脹的氣球爆炸了，留下了潰散、憂心和痛苦。

對「一文不值」的東西進行不理性的賭博，正預示著經濟榮景的結束，標誌著繁榮的最後階段和牛市的第三階段。在這個階段，資金如潮水般湧入，開始時，漲勢還維持在正常範圍內，之後便擴散到那些有問題的證券上，普通的股票也受到不合理的哄抬，最後連可疑、甚至毫無價值的股票也上漲。新資金的流入打破了供需間的平衡，全世界都想賺錢，甚至為此支付不合理的價格。

全歐洲想碰運氣的人都到荷蘭來，購買價格肯定會再上漲的鬱金香。這有點像今天的小儲戶，他們不惜任何代價購買網路股，用光現金時，便使用融資。交易穩賺不賠，為什麼不融資？在荷蘭的鬱金香漲勢過程中，鬱金香被賣來賣去，數度易手。第一天，大家找紅色的鬱金香，第二天，是黃色的鬱金香價格上漲，諸如此類等等，接著又輪到玫瑰色或黑色的鬱金香。這就和今天的情形一樣。第一天，投機人士集中在高科技股，第二天又轉向銀行股。

鬱金香早已不是一種鮮花，而是一種投機標的。大家把愈來愈多的鬱金香品種投入市場，也就是新上市的鬱金香股，於是危險的局面出現：無價值的股票飆漲，這始終是證券市場崩盤的前兆。

受到價格上揚蒙蔽的小儲戶，爭相加入這場賭博。事實上，此時的價格上漲並不是實實在在的價值增加，而是不擇手段的宣傳所致。這些小賭徒聽不進勸告，他們只想加入這場賭博。鬱金香投機者也沒有冷靜想想，鬱金香的產量已經遠遠超過消費所需，荷蘭快被外國的鬱金香淹沒，投機的氣球已經脹得快要爆炸了。

三個世紀過去了，人類的經濟世界也發生巨大變化，然而證券市場的細胞和人的細胞，始終如一。不論是十七世紀，還是今天的證券市場，或是著名的華爾街，甚至某個小國的小小證券交易所，反應始終如一。生物界早已透露一絲訊息，在老鼠或青蛙身上實驗得出的結果，同樣也適用於治療大象。

數學毀掉法國

匱乏的國庫讓法國在十八世紀發生令人難忘的股市崩盤。攝政王，也就是當時年紀幼小的路易十五的叔叔，苦思補充國庫之道，這時他聽說有個蘇格蘭人約翰・勞（John Law），在算術上非常有天分，這位大玩家在很多國家賺錢。在巴黎，約翰・勞被視為是在銀行業務、貿易和貨幣領域經驗豐富的人，攝政王期望與他認識，同時心想這個聰明、和藹可親的蘇格蘭人，也許能幫法國擺脫困境。而按照宮女們的說法，約翰・勞是一位俊美無比的男子。

攝政王後來和這個蘇格蘭人成了莫逆之交，王室授權約翰・勞發行債券，約翰・勞成立了通用銀行，這是法國第一家具有現代意義的銀行。隨後，他轉向高端金融業，創建密西西比公司，專門從事路易斯安那州的殖民開墾、貿易和自然資源的開發。

約翰・勞除了具備理論才幹，也是一位出色的心理學家，喚起人們對利潤的渴望。他是第一個懂得化腐朽為神奇的人，吸引各階層人民認購債券。約翰・勞透過密西西比公司的廣告，對新開發地區的財富大加渲染，彩色版畫畫出充滿田園風光的金山、銀山。而純樸善良的土著夢想，則可以成為現實中的利潤，例如野蠻人用一整塊純金換取一口烈酒或三顆玻璃珠。

這場精心策畫的廣告宣傳，讓資金如潮水般湧進逵坎帕大街（Rue Quincam-poix），自十八世紀初以來，銀行家便在這裡設立辦事處。約翰・勞公司不斷發行新股票，一般民眾為了購買股票，前往巴黎的郵政馬車座位好幾個月前便被預訂一空。有個駝背小矮人靠著讓別人在他的駝背上寫字，就發了大財。

一些宮廷貴婦為了得到股票，甚至不惜使用不尋常的方式，三個星期內，三十萬張股票發行到市場上，股票上的墨漬還沒有完全乾透，就被搶光了。大家對約翰・勞發行的股票能帶來多少股利，早已不感興趣，每個人心裡想的是二十倍於股票發行價格的獲利。

一七一九年十二月，紀錄被打破了，市值達到一萬八千鎊，相當於票面價值的三十六倍。整個歐洲都緊張地注視著這令人激動的一幕，學者撰寫學術論文探討約翰・勞的制度，然而還沒等到大家把想法整理出來，約翰・勞的制度便徹底垮掉了。其實，只要拿起一支鉛筆，計算一下股利，或自問是否真有希望獲得股利，就夠了。但有誰拿起筆了呢？又是固執的投資者。

只要在各地都有人大量賣出，崩潰就開始了。儘管約翰・勞採取各種努力，還是無法抑制大家的恐慌，股價連續下跌。一七二〇年十月，一萬八千鎊的股票崩跌，變成賣不出去的廢紙，跌到四十鎊。不過民眾仍然整天在逵坎帕大街排成長龍，但現在是想要回他們的錢，緊張的場面代替了歡呼。

「所有六個星期前還很富有的人，現在都變成窮人。就像服裝販子把大衣翻過來一樣，約翰・勞把整個國家翻了過來，」孟德斯鳩非常驚訝的評論著這一醜聞，巴黎一家報紙還寫了一首嘲諷約翰・勞的詩：

「蘇格蘭著名的兒子待在這裡，
他自認為是無與倫比，
憑著數學天分，他毀掉了法蘭西。」

約翰・勞心情沮喪、兩手空空，不得不趁著夜色悄悄離開巴黎，因為可能會被憤怒的人群打死。一七二九年，他貧困孤獨，在威尼斯逝世。約一百年後，約翰・勞的遺骨才被侄子帶到聖摩西（San Moisé）教堂，今天還埋在一塊石頭下。每當我到那裡，都不會忘記在他的墓前獻上一小束鮮花。

顯然，約翰・勞是名投機家，是闊氣的賭徒，但他不是騙子，他成為他的朋友攝政王的犧牲品。攝政王為了國家預算需要更多的貨幣，而約翰・勞必須為攝政王提供貨幣。如果政府向中央銀行要求無抵押的貸款，就是典型的貨幣通貨膨脹，這次非常轟動的證券交易所崩盤事件影響深遠，導致民眾對投機和股票非常反感，這種反感持續了幾乎半個世紀之久。

一九二九年崩盤的縮影

和發現美洲大陸或法國大革命一樣，美國一九二九年的經濟災難，徹底改變了西方世界的面貌和社會結構，直到今天，這場災難仍像幽靈一樣縈繞在我們的生活中。對許多人來說，一九二九年是個轉捩點，有幾十年的時間，大家在交談中經常聽到這樣的說法：「請你記住，這是二九年以前。」或「這是一九二九年以後。」

但在十月那個「黑色星期四」之前，曾經有過許多愉快的星期和快樂的年代，之前大家生活得很好。「上帝的國度」美國，在新發現的繁榮天堂裡，生機勃勃。美國從第一次世界大戰前的債務國，變成全世界的債權國，工業生產持續增長，消費也同樣穩定提升，這兩者都在貸款這一劑靈丹妙藥的刺激下成長。

所有的農業或工業產品、所有的有價證券，都不斷上漲。華爾街證券交易所裡的電傳打字機，以令人眩暈的速度吐出幾公里長的白紙。所有的美國人，中產階級、小市民，還有剛抵達埃利斯島（Ellis Island）的新移民，都仿效財閥，進行投機。市場早已處在上漲的第三階段，投機基礎建立在底部搖搖欲墜的龐然大物上，只有少數人清醒地認識到這點。畢竟，生活是如此美好！

亨利・福特一世（Henry Ford I）試驗著新型車。夜晚，大家在齊格飛（Ziegfeld）劇院向多莉（Dolly）姐妹喝采，隨著指揮保羅・懷特曼（Paul Witheman）一起欣賞喬治・蓋希文（George Gershwin）的旋律，他後來靠〈藍色狂想曲〉（Rhapsody in Blue）成為當時最偉大的作曲家，這位貧困的猶太移民之子，成為第五大道貴族人士盛大舞會的座上賓。珍・哈露（Jean Harlow）主宰華納影業公司的電影，靠著天藍色的眼睛、白金色頭髮和輕盈體態，成為好萊塢「頭號性感女星」。當時是禁酒令和「地下酒吧」（大家在那裡喝酒）共存的英雄時代，在著名的「二十一號」（西五十二大街二十一號），大家一邊如痴如醉聽著艾爾・強森（Al Johnson）和艾迪・坎托（Eddie Cantor）的唱片，一邊用茶杯喝威士忌。英俊的約翰・巴利摩爾（John Barrymore）放蕩不羈的行徑和他贏得女人歡心的傳聞，成為談天的素材。背後操縱這種令人陶醉景象的人，就是華爾街的金融家（今天則是基金經理和投資銀行家），小心翼翼防備大家預感到危險的跡象。柯立芝（Calvin Coolidge）總統及繼任的胡佛（Herbert Hoover）以美國政府的威信公開宣布，這一切沒有任何理由在某一天結束。

許多歷史學家和經濟學家已描述過，所以我不必再強調一九二九年是世界經濟史上最大的金融災難。「和自然災害一樣突然爆發。」這種經濟欣欣向榮的氣氛是胡佛總統所領導的美國政府人為刻意維持的。英國的經濟學家努力想解釋一九二九年的危機，但立場各自不同。一些人認為英格蘭銀行提高貼現率，是危機的導火線，其他人則駁斥這種說法，因為聯準會已經多次升息，而且即使在這種情勢下，華爾街仍然繼續成長。還有一些人相信，整個信任危機是由倫敦馬同公司（Photomaton）的股價暴跌引起的，這不只是一樁金融崩盤事件，而是一九一四年至一九一八年第一次世界大戰後，所發生的第一件醜聞。大家稱馬同公司的老闆赫屈（Clarence Hatry）是騙子，後來甚至成為股市巨頭的代名詞。

一九二九年九月的赫屈醜聞產生負面的心理作用非常危險。信任突然被打破，大家不禁提出疑問：新興產業難道是靠欺騙起來的嗎？收音機、人造絲、汽車，所有這些迅速發展起來的產業，難道不會虧損嗎？大家開始對集中大量資金的獲利模式產生懷疑，這意味著懷疑信託和控股公司的誠信。當時，企業集團和投資基金的經營方法已經方興未艾。母公司孵化出子公司，子公司買下前者的股票，大家不知道誰是孩子，誰是母親，只有一點一目了然：股票上漲。不管正不正常，公司獲不獲利，公司向大眾承諾一切，沒有比將已經上漲的股票賣給別人更容易的事了。同樣地，當指數已經下跌或價格已在谷底時，就很難讓大眾對股票產生興趣，因為大眾的情緒是隨著指數的好壞起伏的。大眾只會在股票價格上漲時購買股票，並繼續推升這些股票。

十月二十二日，崩盤來臨。前一天，氣壓計上還標示著天氣晴朗，而這一天，卻出人意料，青天霹靂。對經驗豐富的投資者來說，這並不意外，金融史上經常發生這樣的事情：欣欣向榮的證券交易和源源不斷流入的資金及融資，膨脹成巨大的氣球，被針刺中就會爆炸。

十月二十二日：大規模的拋售潮和日益緊張的情緒籠罩著華爾街。

十月二十三日：證券交易所疲軟，只有零星的幾個買主想藉下跌的指數獲利。

十月二十四日：先是暴風雨前的平靜，接著風暴就像世界末日來臨般的爆發。一場找不到買主的賣主引起的雪崩，徹底吞沒了華爾街。

當時，正在美國訪問的名人邱吉爾，碰巧從長廊裡看到被恐慌侵襲的群眾，從布洛德大街（Broad Street）傳來叫喊聲，激動的人群聚眾鬧事，警察無法驅散。

沒戴禮帽、沒拿雨傘，國家城市銀行總裁查爾斯・米歇爾（Charles Mitchell）——這位華爾街最重要的幕後市場調控者——急匆匆跑到華爾街二十三號，J・P・摩根有隔音的辦公室。摩根的辦公室位於摩天大樓內一座兩層樓的豪宅裡，坐落在世界上最貴的地產上。面對氣喘吁吁的來訪者，摩根二世仍然保持鎮靜。他想到他的父親摩根一世，早在一九〇七年，就曾經在金融災難發生時，拯救過華爾街。而現在，二十二年後，又有人喊著救命來找摩根家族了。

「肯定會出事，一切都會毀滅。」米歇爾這位證券交易所預言家聲音顫抖的說。

「我們馬上召集所有銀行家開會。」摩根回答。

大家還沒意識到這一事件的嚴重程度。第二天早晨，《華爾街日報》盲目、但仍信誓旦旦地寫道：「這只是證券市場健康自然的反應，某些證券價格過高，修正是必要的。」我只能說這一切證明他們非常幼稚。情勢發展總是從修正階段開始，但修正之後，正如之前提過的，第二和第三階段接踵而來。

紐約五大銀行家在摩根的辦公室召開了臨時會議。已經不能錯失時間，必須抑制大家的恐慌（這是心理因素），必須盡快找到治療恐慌的良藥：貨幣。他們在短短一個小時內制定出戰略計畫，銀行家答應提供兩億四千萬美元的基金，透過買進股票讓華爾街重新動起來，這個數目在當時來說是個天文數字。紐約證券交易所副主席理查・惠特尼（Richard Withney）受命主導救市行動，他出現在證券交易所大廳，高聲下令買進股票，而這支股票在牌價一九〇時，就已經找不到買家，大家已經一整天沒有聽到這樣的牌價了：「一千股美國鋼鐵」，牌價二〇五元。

但太晚了，輸血並不能解決問題，大家從極度樂觀墜入極度悲觀中。之後幾天，指數在拋售中下跌，下跌又造成更多拋售，和前一年價格上漲總是帶來新的買單的情形一樣。

華爾街的大樓徹夜燈火通明，繁忙不已，因為職員必須審核客戶保證金的金額。經紀人急急忙忙找人印製通知，要求客戶補繳保證金，電報源源不斷：「請電匯保證金。」然而在隨後寄來的信封裡，卻沒有支票，只有委託單：「全部拋出！」

一九二九年十月二十九日，在證券交易所地下室裡，再次召開新的會議，這一次是秘密會議。要不要關閉證券交易所？即使這樣做，也無濟於事了，銀行家確信為時已晚，損失慘重。股票市場遭到致命打擊，從根本上動搖了經濟生活。

為了彌補損失，大家試圖透過言語重新建立信任，恢復奇妙的「繁榮景象」。新聞宣傳、充滿希望口吻的官方說明、呼籲保持冷靜，但一切徒勞無功。投機者和大眾已經失去理性，無法克服精神上的震撼。冠冕堂皇的話已經太晚了，大眾的看法完全逆轉。普遍的絕望情緒就像之前的狂熱一樣，迅速蔓延開來，這已不僅是精神上的危機，而是在周圍擴散開來的病毒。

股市巨額虧損的一個副作用是購買力癱瘓，而且日趨嚴重。貸款買入的公寓、汽車、收音機和冰箱主要仰賴華爾街的繁榮。最小的職員也會毫不猶豫地超出預算，因為他相信自己能夠靠股市獲利分期付款。這一切都結束了。危機從消費者蔓延到生產端。輕鬆的生活和美好的心情只剩下一堆灰燼。樂觀主義者說，「我們可以乞討」。「但向誰乞討呢？」悲觀主義者這樣回答。

有幾百則軼事，以黑色幽默描述了那段憂鬱歲月：一位投機者匆匆走進華爾街的一家餐廳，點了牡蠣、湯、牛排、點心和咖啡。由於他覺得侍者打開牡蠣要花一段時間，於是他便跑去看一下指數行情。

「撤掉牡蠣！」他看完後回來大喊。

接著又跑到指數行情牌前，這下跌得更嚴重了。

「把湯撤掉！」

他再次轉身去看指數行情牌。

「把牛排也撤掉！」

緊接著咖啡也撤掉了。最後，變得一貧如洗的投機者沒有午飯吃，只能請侍者端給他一杯水和一片阿司匹靈。

昨天還是財富象徵的摩天大樓如今空空如也，自殺事件激增。在紐約一家飯店裡，一位英國旅客為了要好好欣賞風景，要求住到較高樓層的房間，這時大家問他：「您是想在這裡睡覺，還是想從這裡跳下去？」

不管是好日子，還是壞日子，對統計數字情有獨鍾的美國人，還是把握機會以數字描述了災難的程度：十二萬三千八百八十四名從前開著凱迪拉克出入華爾街的投機者，現在不得不改為徒步。十七萬三千三百九十七位已婚男子，不得不離開他們如今已經無力供養的情婦，回到妻子身邊。鑄幣廠為以前從未搭過地鐵，而現在不得不使用這種交通工具的人，發行了一億一千一百八十三萬五千二百四十八枚五分硬幣。

社會階級制度瓦解了，昨天的百萬富翁現在街角賣蘋果，移民失去他們曾經擁有的一切——除了口音。一家接一家的工廠不得不停止生產，幾百萬失業者向無能為力的政

美股1929年墜入萬丈深淵

公司	1929年股價	1932年股價
無線電公司（電子業）	115	3.5
紐約中央鐵路公司（鐵路）	256	5
克萊斯勒（汽車）	135	5
通用汽車（汽車）	92	4.5
奇異（電器）	220	20
蒙哥馬利百貨（百貨公司）	70	3
聯合鋼鐵公司（鋼鐵廠）	375	22

府要求救濟。通貨緊縮威脅著美國，愈來愈令其窒息。地平線上看不到一絲希望曙光，到處都在崩壞。數字最能貼切測量出深淵的深度，有七家公司在兩個時期的股價（參見上表），最能說明情況有多糟。

在這段黑暗的日子，一九三二年十一月的大選把一位天選之人領進白宮——羅斯福，羅斯福承擔起拯救美國大陸和資本主義的重任。羅斯福接手時，恐慌達到最高點，由於擠兌，密西根州的銀行率先關門，緊接著其他四十七個州的銀行也相繼關閉。羅斯福馬上召開會議，推出新政。以此為開端，進行了無數次經濟、金融和社會改革，包括引進銀行分離制度，避免貸款投機。從這時起，銀行可以從事證券交易或傳統的貸款業務，但是禁止同時進行兩種業務。近幾年來，美國銀行努力爭取廢除銀行分離制度，因為他們認為國際上的競爭力因此削弱。

要打破通貨緊縮型的下跌螺旋，首要關鍵就是金本位制，就像英國早在兩年前對英鎊採取的措施那樣，羅斯福讓美元掙脫金本位制的束縛，貶值了四〇%，這一措施令之前因英鎊貶值而嚴重受影響的美國競爭力恢復，聯準會向所有銀行發放新鈔，銀行櫃台重新開始營業，為了盡快取得現金，大家一大早就奔向銀行，領錢的人排成長龍。不過當大眾看到銀行如數支付每筆款項時，便放心了，到了晚上，存在銀行裡的存款比營業前增加許多。

由此美國從一個病入膏肓的國家脫胎換骨，成為繁榮的新國家。而這位由於華爾街危機而在美國辛勤執政十四年的人，更在美國歷史中贏得一席之地。

第9章 「逆向」是成功的要素

在證券交易的週期過程中，投機者要怎麼做才能成功？在描述了暴漲和隨之而來的崩盤後，回答這個問題並不難。顯然，你必須是位固執的投資者，而且必須逆向操作。

在第三階段，也就是在行情下跌的過熱階段，你應該買進，即使價格繼續下跌，也不必害怕。因為，就像**布達佩斯糧食交易所的老股票經紀人說的：「小麥跌時你沒有買小麥，小麥漲時你也不會有小麥。」**在上漲中的第一階段，你應該繼續買進，因為這時已經突破了最低點。在第二階段，你應該只是旁觀者，被動地隨著行情波動，做好心理準備，在第三階段，即普遍亢奮時離開市場。

判斷市場處於哪個階段

全部的技巧，就在於判斷市場是處在哪個階段。經驗豐富的投機者憑著敏銳的觀察力，可以感覺到市場處在哪個階段，雖然他並不能每次都用言語表達出來。但正如沒有完美無缺的投機一樣，並沒有這方面的教科書，也不存在大家可以盲目應用的方法。因為假如真是這麼簡單，那麼每個人都可以在股市裡討生活了。只有藉著長期積累的經驗，才能培養出敏銳的觀察力。即使最狡猾的投機者也會出錯，有時為了積累辨別超買或超賣的徵兆、提示和某些信號所需的經驗，他甚至必須犯錯。

例如，**在出現利空消息時，市場並沒有下跌，就是市場出現超賣，行情已接近最低點的徵兆**。這時股票已掌握在固執的投資者手中，他們對利空消息不感興趣。他們有自己的想法，相信會出現更好的時機，他們手中的股票都已繳足股款，遂有耐心等待更有利的消息。

相反地，**市場對利多消息不再有反應，就是超買和行情暫時處在最高點的信號**。在這種情況下，猶豫的投資者手裡抓滿股票，儘管有利多消息，他們也無法買進股票。固執的投資者雖然有現金，但在這樣的行情下卻不想買進。

成交量提供了另一個訊息。**如果行情下跌時，某一段時間裡成交量很大，這表示有大量股票從猶豫的投資者手裡，轉移到固執的投資者手裡**。甚至可能發展成猶豫的投資者賣光了所有股票，這時股票正躺在固執的投資者的保險櫃裡。直到後來，股價上漲時，這些股票才會從保險櫃裡露出來。

也就是說，**如果成交量增加，行情仍然繼續下跌時，就是已經接近下一次起漲點的信號**。但多數情況下，這是一個不合理的低點，這種局面應歸咎於大眾的歇斯底里和股票持有人的普遍拋售。這是行情過度下跌中的第三個階段，在這個階段，猶豫不決的投資者會把所有的股票賣掉，甚至包括原先留下來最好的、最抗跌的股票。

但**當成交量小，且指數還繼續下跌時，就表示市場前景堪慮**。因為在這種情況下，股票還掌握在猶豫的投資者手裡，他們還在等市場恢復元氣，不過如果行情繼續下跌，他們會突然恐懼起來，而把所有股票低價賣掉。

我不同意一般所謂成交量小時，行情下滑並不重要的看法。贊成這種觀點的人會說，大眾在這種情況下並沒有拋售股票。但是這什麼都沒解釋，重要的是，股票還掌握在猶豫的投資者手裡，他們今天沒有賣掉股票，並不表示他們不會在明天、一個星期後，或一個月後，把所有股票賣掉。

相反地，**當成交量愈來愈大，股票還不斷看漲時，也是前景堪虞**。因為成交量愈大，表示股票市場愈脆弱，而這時證券市場剛好進入上漲的第三階段。

我也反對大家對成交量大時，指數上漲有利的看法。大家認為，大夥兒在這種情況買進股票，是好現象。確實如此，但這只是就他們購買股票的這一天而言。我的意思是，那一大群猶豫的投資者買股票真的是好現象嗎？他們下個星期也會買股票嗎？難道這些股票下個月不會重新投入市場？不會有猶豫的投資者立刻把股票脫手的風險嗎？

反之，**當成交量小時，如果指數看漲，這種情形就非常有利**，雖然交易者會聲稱這種市場狀況毫無意義。當然，因為經紀人只對大筆佣金感興趣，所以他們認為成交量小的股票市場沒意思。然而，事實是股票還一直掌握在固執的投資者手裡，並沒有轉移到猶豫的投資者手中，所以指數肯定還會繼續看漲，也會吸引猶豫的投資者，而固執的投資者就等著把股票賣給猶豫的投資者。

結論是，如果行情上漲／下跌且成交量較小，則表示趨勢正在持續；如果上漲／下跌且成交量不斷增加，則趨勢反轉已不遠了。

第三個、也可能最明確的指標是普遍共識，**當媒體的氣氛非常樂觀**，那些不久前還不知股票為何物的人，就會對證券市場產生興趣。**當市場處於牛市第三階段結束時，最**

後一批的悲觀主義者就會轉而加入樂觀主義者的行列。

在這段時間，一切積極的現象都趨於一致，指數和現實沒有任何關聯，完全退化成沒有意義的單純數字，成為可以隨意撥弄的電話號碼，無須任何客觀冷靜的思考。分析師們解釋說，本益比或股利這種關鍵數字已不再具有從前的意義。大家投機未來，看重的，是產業蓬勃向上發展的速度。

由於我個人的知名度，我總能特別準確感覺到情緒的變化。例如，當機長請我進駕駛艙，向我請教，或咖啡店的侍者問我該買賓士還是買ＩＢＭ股票時，我便覺察到市場又熱絡起來了。

當然，反過來也同樣適用。**當媒體氣氛非常負面時**，例如八〇年代初，美國《商業週刊》文章中表現出來的那種氣氛，**最後的樂觀主義者變得悲觀**，**這時市場就處在熊市第三個階段末期**。在這個階段，利多消息不受重視，利空消息占上風，這時投機者必須進場。這些話聽起來容易，但很難做到。

勇於與眾不同

當同事、朋友、媒體和專家都建議賣掉股票時，採取和普遍共識相反的作法，是非常困難的事，尤其對沒有經驗的投機者而言，更難。連那些懂得這個理論，並想遵守的人，也會在大眾心理壓力下，在最後一刻改變自己的看法，說服自己：「雖然理論上我現在必須進場，但這次情況不一樣。」直到後來情勢明朗，這一次用逆向操作仍是最好的。大家必須訓練有素、冷靜，有時甚至必須憤世嫉俗，不理會大眾的歇斯底里，這是成功的必要條件。因此在證券交易所，只有少數人能投機成功，所以投機者必須勇敢、有決心、有智慧，甚至表現得自負些。勇敢對自己說：「我知道，其他人都是傻瓜。」

即使投機者能僥倖躲過大眾的不安情緒，在指數過度下跌時買進股票，然而這才是考驗的開始。之後，他還必須鼓起勇氣，堅持保留股票，即使行情繼續下跌。而這也就存在因損失嚴重而精疲力竭、失去理智的巨大風險。

即使克服了這種障礙，市場開始上漲，投機者還要面對是會出現的中期回跌的情形。如果不明白這種發展過程，就必須重新評估情勢。如果診斷表示只是暫時性的干擾，就要立場堅定，毫不氣餒。

但如果出現根本性變化，例如戰爭、重大的政治變動、經濟或金融決策、政府輪替等無法預料的事時，就必須馬上考慮後果，迫不得已時，還是必須放棄昨天還非常喜歡的股票。也就是說，投機者必須時刻準備對自己的想法和計畫重新深刻反省。如果完全相信自己的某個想法，就必須堅持到底，然而當情況從根本上轉變，意識到上錯船時，就必須盡快跳船。因此，你必須既堅強又靈活。

下一個考驗則是在上漲的第三階段。投機者當然可以在這階段開始時，即樂觀情緒逐漸取得優勢時，馬上退出市場。遺憾的是，那樣就會錯過最豐厚的利潤，因為指數是在第三階段才急遽上漲的。如果貨幣因素始終有利，第三階段可能持續很長時間。猶豫的投資者雖然已經投資，但貨幣供給額還在擴大，使市場繼續得到資金補給，他仍然可以加碼買進。

這時，投機者不僅要聰明，更要有足夠的見識，在市場普遍亢奮階段，如果貨幣因素突然轉成負面，即使大勢仍然看好，投機者也必須馬上退出市場，絕不可受到樂觀的數字和預測的影響，因為樂觀情緒很可能在二十四小時內轉成悲觀。投機者必須從後門離開市場，像壞名聲的人一樣，才不致讓任何人看到他，如果不這樣，很可能會受到別人樂觀情緒的感染，重新捲入市場。

我以前說過，為了不受誘惑而改變自己的看法，投機者乾脆不要去交易所。為了避開危險，不要感染到某種情緒，就應該繞路，因為這種情緒就像海邊的天空一樣，變化無常。

但處在今天這個利用電腦網路和電視即時傳播訊息的時代，想要不理會普遍的情緒，愈來愈難了。我也許該建議：「賣掉電視，拔掉電腦網路連線！」但在日常生活中，各種訊息像潮水般襲來，只有訓練有素、性格堅毅的投機者才能不受影響，剛踏入證券市場叢林的人，就無可避免會被捲進去。

所以過去幾年，我建議大家吃安眠藥，然後買各種好股票，睡上幾年，不要去聽外面的狂風暴雨。接受這個建議的人，後來都能享受到驚喜。

買進或賣空，你選哪邊？

迄今為止，我一直從買進投機者的角度觀察「科斯托蘭尼雞蛋」，但大家當然也可在熊市中投機獲利。賣空是如此操作的，賣空投機者或大家稱為的熊市投機者，今天以一定價格賣掉某種他手裡沒有、以後才買進的有價證券。他延後自己的買單，因為相信明天股票的價錢將比今天低。賣空投機者就像先出售還沒有獵到的熊皮的獵人，他也可能打不中，所以必須以更高價格向其他獵人買熊皮，才能履行先前的交易，而這也正是賣空投機的風險所在。

舉例來說：投機者邁爾認為幻想（Phantasia）公司和亞特蘭大（Atlantis）公司的股票將下跌。假設兩種股票的價格為一百元，於是他先向另一個投資者借這兩家公司的股票，同時把借來的幻想和亞特蘭大兩家公司的股票，以一百元的價格賣出。幾天後，幻想的股票從一百元跌到八十元。邁爾以八十元的價格將股票買回，還給借他股票的投資人。就這樣，他賺了二〇%的利潤。

另一方面，亞特蘭大的股票根本沒有下跌，且從一百元漲到一百四十元。邁爾陷入恐慌，擔心亞特蘭大公司的股票還會繼續看漲，於是就以一百四十元的價格把股票買回來，這樣他就虧了四〇%。交易完成後，他把買回來的股票，還給借他股票的人。在所有期貨交易所和某些證券交易所都可從事賣空投機。

理論上講，如果投機人士認為行情看漲，就可以做買進投機；如果認為行情看跌，就可以做賣空投機，但只有少數人能切換兩種投機。我就是從固執的賣空投機者開始投機生涯的，我父親在一九二四年接受亞歷山大先生的建議，把我送去學習。當時的布達佩斯看來前途渺茫，戰敗的創傷還沒有癒合；和奧地利一樣，不幸的克朗投機使匈牙利經濟遭到致命打擊，匈牙利籠罩在貧困和失業的低壓氣氛中。

但是，巴黎意味著天堂。和其他歐洲國家一樣，法國也受到美國的投機風潮影響，直到一九二九年崩盤才結束。而英國在渡過社會難關後，重新站起來，證券市場開始緩慢、穩定地動起來。

德國經濟繁榮的關鍵在於外國資本。有很長一段時間，美國每年提供兩億五千萬美元，挹注德國的經濟。今天，這個數目相當於一百億美元。美國的資金為德國證券市場帶來動能，同時美國工程師和技術人員也跟著美元到德國，幫助魯爾區（Ruhr）的大工業家以美國模式進行現代化改造。

義大利在墨索里尼當政時，過了一段蜜月期。雖然義大利失去一部分自由，但卻為現代化經濟奠定基礎。

和平這個神奇、令人心安的字照亮了未來。先是史翠瑟曼（Gustav Stresemann）簽定的盧卡諾（Locarno）和約，然後是白里安—克洛格（Briand-Kellogg）公約，永久宣布戰爭為不合法。白里安（Aristide Briand）用動聽的男中音熱情洋溢宣布了這一理想政策。在一九二七年召開的日內瓦會議上，甚至提到將盡快降低關稅，這是歐洲夢的藍圖，直到三十年後，歐洲共同市場建立，這個夢想才成真。

在法國，龐卡黑（Poincaré）成功控制住通貨膨脹，維持本國貨幣穩定。法郎匯率經過三年的自由浮動，終於找到實際價格，並在一九二九年穩定下來，使法國的重建達到巔峰，自由浮動匯率的實驗，在法國有了正面結果。

富有的市民離開證券交易所時，興高采烈地搓著手，股票和債券連續上漲，堅挺的貨幣走勢和良好的財政狀況，把全世界的資本家都吸引到巴黎。巴黎象徵豪華、享受和歡樂的世界，當我像巴爾札克筆下的主角拉斯提格納（Rastignac）登上驛馬車，在一個美麗的夜晚踏出東方列車時，我多麼渴望了解這座城市。當時我還不知道，這個不可思議的、天堂般的快樂世界雖然近在咫尺，但如果沒有拿到「錢」這個進門鑰匙的話，巴黎，永遠都可望而不可即。我口袋裡的錢不多，但這裡的景象令人神往，只從外面觀賞是不夠的。

日本藝術家藤田嗣治戴著玳瑁眼鏡、披著長髮出現在蒙帕納斯，身後跟著他最喜歡的法國名模特兒琦琦（Kiki），準備和他的朋友奇斯林（Kisling）、韋特斯（Vertès）及其他人，在「圓頂」（Retonde）和「大教堂」（Dôme）的餐桌前商量事情。

時髦的女士讓人作陪去朗尚（Longchamps）和奧特伊（Auteuil），好在賽馬比賽時展示琵赫（Poiret）為她們設計的時裝。在停靠於布洛涅（Boulogne）的豪華遊艇上，這位著名時裝設計師派頭十足，招待著來自上流社會的朋友，雖然晨曦微露，他卻為大家演奏紐奧良的最新旋律。那時，香榭麗舍大道上還沒有電影院，大家在林蔭大道上排長龍，為的是看卓別林的電影《淘金記》來體會美國，看《巴格達大盜》來領略東方世界。

就像貼在糖果店玻璃窗上，把鼻子都擠癟了的小孩一樣，我注視著這種繁華的生活，驚訝無比。我心想一定要找到加入這場遊戲，並從中獲利的方法和途徑。我終於明白，做這件事只需要一件東西：金錢。

我陷入嚴重的心理危機，如今回顧過去，我發現這個轉捩點對我是多麼重要，我曾把錢看得很重，每時每刻都在想。開始時，金錢是達到目的的工具，後來金錢本身也成為目的，這使我輕視其他一切。我的倫理道德、價值體系都徹底改變了，除了錢，其他東西都不再令我感興趣。我夢到過裝滿鈔票的錢櫃，夢到過錢袋，我像狐狸沃朋〔Volpone，譯註：英國作家強生（S. Johnson）十七世紀初的劇作主角〕對待自己的寶物般，端詳、撫摸著錢，並將之搬來搬去。

錯誤的金錢觀

對金錢的這種態度，自然而然導致一定程度的慣性。為什麼要買豪華汽車，只要口袋裡有錢便能買，不管什麼時候。當某個人手裡拿著支票本，就已經感受到生活中的其他樂趣，彷彿擁有了一切。一方面，對金錢的評價提高，而另一方面，其他一切，包括所謂直正的價值，也遭到某種程度的貶低，變成「錢可以買到的一切」都貶值了。

這種態度導致典型的通貨緊縮經濟理論。我更把這種違背常情的可悲態度發展到荒誕的地步，以致蔑視所有不能用金錢衡量的價值，這是成為「賣空投機者」的最佳理由。

用金錢衡量價值，是指為所有東西定價。因為我打從心裡高估金錢的價值，所以認為任何商品的價格，包括股票都太高了，於是便期待將來會降低，就像德國人多年來熱愛馬克一樣。這是經濟無法向前發展的原因。

我只能進行賣空投機，渴望著行情下跌：如果洛克菲勒因為股票下跌而賠錢，而我卻在同一次的行情下跌中賺錢，那麼他和我之間的差距就會相對縮小。這就是我單純而幼稚的日常想法，我只有一個願望，全力以赴地投機，因為這是唯一能夠迅速賺錢的方法，甚至可以靠這個成為百萬富翁。

大日子終於來臨了。我永遠記得第一次「拜訪聖殿」時的情景，像置身在巨大的賭場，空氣中飄蕩著金錢的氣息，無處不在，大家只要用根天線就能把錢抓住。

坦白說，我不清楚交易所裡幾百個人走來走去、雜亂無章的場面是為什麼，我聽到陌生的股票名稱在耳朵旁嗡嗡作響，很多年輕小夥子匆匆地從這群人跑到那一群人中，他們手裡拿著客戶下的單，在大樓裡跑來跑去，經常迎面相撞，擠成一團，然後又分開朝不同的方向跑去。

在交易大廳正中的「圓環」處，站著七十位男士，無論冬夏，都穿著深色衣服，他們是證券交易代理公司的七十位股票經紀人。他們把手肘靠在將他們與群眾隔離的欄杆上，和其他人一樣，也在震耳欲聾的喧鬧聲中大喊大叫著：「我出。」「我要。」整個世界彷彿都參與了這場嘈雜喧鬧的遊戲。一些人衝向電話亭，把最新結果傳遞出去，還有一些人用手遮住嘴，竊竊私語，洋洋得意，另一些人急急忙忙在小黑本子上狂寫數字。

這種緊張氣氛根本影響不了我，我愈深入了解這個新天地，就愈對那裡誇張的氣氛反感不已。每個人都自以為掌握了最重要的訊息，吹噓自己每次交易都賺到錢，他的顧客總能得到最好的建議，他知道萬無一失的方法。大家簡直就要相信這裡的人都是天才和先知，因為所有人都自鳴得意，大談自己的經驗和成就，每說兩句話，就重複地說：

「我早就告訴過你了。」

直到今天仍是這個樣子，如果一位新人到證券交易所，會被這種氣氛弄得頭暈目眩。大家不談論藝術、政治，或就我而言，不談論女人，而平時，這是朋友間很常見的話題。這裡的話題全都繞著金錢，如果在合適的時機買或賣，大家能夠或應該賺多少錢。他們只根據一點評價他人：他們有多少錢。

幸運的是，或遺憾的是，漸漸地，我也習慣這種氣氛了。

當時，我對這個領域毫無經驗，但簡單的常識告訴我：這一切都是在唬人而已。投機賴以為基礎的邏輯性、解釋、想法和根據，在我看來，卻都簡單、幼稚且完全錯誤。我心裡不禁產生一個想法，且愈來愈強烈：如果這些人都在做買進投機，那我就必須採取相反的行動，一定要做賣空投機。

除了看不起實在的價值，我還鄙視在證券交易所遇到的那些人。一走下交易所大樓的台階，我已下定決心，要利用賣空投機賺錢，除此之外，還多少有些幸災樂禍，我想看這些吹牛大王全都賠光。現在，我只須選擇投機標的，掌握賣空投機的機制。在深思熟慮和感覺的引導下，我開始賣空各種有價證券，目的是想以後用更便宜的價格買回來，不需多久，因為運氣站在我這一邊。

在美國投機熱的最後階段，世界投機活動的神秘中心華爾街，把所有可以利用的資金都吸引過去，這對歐洲市場產生非常可怕的影響。大西洋這邊的投機者甚至看不上在歐洲獲取七％、八％或九％的利率，更喜歡買股票，有時股票的價值在不到十二個月的時間內漲了兩倍。隨著愈來愈多美國資金撤回本國，歐洲資金短缺的情況愈來愈嚴重，一些抵抗力弱的國家，幾乎倒地不起，歐洲貿易差不多失去了所有客戶。

「像英格蘭銀行一樣穩固」的說法，在那段傷心的日子裡成為歷史。傳統上英格蘭銀行持有少量黃金儲備。資本開始從英國外流之際，英格蘭銀行行長親自前往法蘭西銀行尋求援助。但英格蘭銀行的現金狀況，比漏水的水桶還要千瘡百孔，以致吸引國際投機者把賭注押在英鎊貶值上。

在來自世界各地的投機者當中，甚至包括當時的法國總統皮耶・拉瓦爾（Pierre Laval）。英國政府不得不宣布禁止出售黃金，大家無法在英格蘭銀行用英鎊兌換黃金，於是英鎊的匯率下跌。這使得投機者得以撈取豐厚的利潤。

英國人也很滿意，他們相信，過時的是黃金，而不是英鎊。首相麥克唐納（Macdonald）自信地宣布：「只要英鎊值二十先令，英國貨幣體系就不會有任何變化。」《每日郵報》（*Daily Mail*）自豪地用八欄版面的特大號醒目標題宣稱：「一切正常，英鎊終於擺脫黃金的束縛。」

印度詩人、諾貝爾文學獎得主泰戈爾說的沒錯，他寫得很詩意：「給鳥兒插上黃金翅膀，牠便再也不會展翅飛翔。」

在中歐，各國政府也不得不停止支付利率和分期償還債券，並執行嚴格的外匯管制。德國和匈牙利，在一九三一年七月十四日關閉銀行，局面極其混亂。自從一九二八年，資本回流華爾街以來，歐洲證券交易所愈來愈不重要。華爾街崩盤之後，歐洲證券交易業務迅速惡化。

我的賣空投機交易開始結出豐碩的果實。當我把賺的錢積累起來，心滿意足地確信，我第一次去巴黎股票交易所時所想的計畫是正確的。光看數字，利潤並不大，但對我來說，卻具有無法估量的重要意義。

這是我的報復，是對證券交易所裡許許多多傻瓜進行的報復，同時也證明自己的直覺是正確的。我賺到雙重利潤，因為手上的貨幣購買力提高了，通貨膨脹時期，貨幣的價值降低，但在經濟蕭條時期，貨幣的作用就變大了，而現在正是蕭條時期。

除了證券市場行情下跌有利我的投資外，法國當地的形勢更是站在我這邊，也許還有我的直覺，因為我曾正確預測到幾次嚴重的金融災難。在歐洲，證券市場並沒有發生如此強烈的崩盤，而且也沒有伴隨如此嚴重的恐慌。因為歐洲的股票市場更保守，公司的基礎更堅實。最可怕的證券交易所崩盤，是一九三〇年秋天，奧斯堤（Oustric）銀行破產，緊接著戴維德（Devilder）也倒了，由於這兩次金融災難，巴黎證券市場墜入谷底。

整個事件的教訓和結果是什麼？

賣空投機的人士勝利了，當然也包括我。每天晚上，我都結算一次獲利。我賺了很多錢，並且是建立在別人的損失和痛苦上的錢。如果這時父親或叔叔在身邊的話，他們一定會建議我把獲得的財富從賭博中撤出，放到其他可靠的投資中。

但家人離我太遙遠了，而且我被成功沖昏頭，沒把賺來的錢存進儲蓄銀行，而是繼續投資到賣空投機中。我陶醉於成功的氛圍裡，不是金錢，而是我的預測被證實了。

同事們來拜訪我，在他們眼中，我和普遍的看法截然相反，但卻正確判斷事態的發展，是一位先知。「怎麼會發生這種事？」他們問。「證券市場上什麼事都可能發生，甚至可以說，這是完全合乎邏輯的。」這是我的回答。

在我看來，奧斯堤和戴維德這兩個賭博集團的崩潰，是合乎邏輯的，就像四十年後柏納・康菲德（Bernard Cornfeld）主導的ＩＯＳ基金崩盤一樣，是理所當然的事情，我曾經在《資本》雜誌專欄裡嚴厲警告過，但令我驚訝的，是別人對我的警告表現出來的驚訝。

今天，憑藉我當時沒有的經驗，我相信，除了我對過度投機氣氛的情緒反應之外，也只是受常識的引導。當時我還無法對人為的繁榮做出正確的診斷，但本能就感覺到了危險。我意識到一種不正常的徵兆，隨時可能崩盤。也許這只是一種叛逆，面對眼前展現的這場低俗品味的狂歡，我產生了回歸正常品味的叛逆。

終究選擇牛陣營

現在，我有了經濟能力，也想享受安逸的日子。但這時我卻尷尬地發現，理性主義和對證券市場的直覺，使我賺了很多錢，但是其他人卻把錢賠光了。我的願望實現了，但發生在我眼前的景象，卻使我悶悶不樂，朋友、同事、所有我喜歡的人都垮掉了，他們在這場危機中，失去金錢，失去社會地位，不知道未來會如何。

而我卻負擔得起任何夢寐以求的奢侈和享受，豪華飯店和餐廳，有司機的汽車，一切都在眼前，因為我的錢包裝滿了錢，但是，其他人沒有和我在一起。美好的氣氛過去，歡笑逐漸消失，取而代之的是痛苦和糟糕的心情。我獨自一人，只有我自己，雖然到處都有東西賣，但我已經沒有心情買了。我明白，當朋友們只能喝一杯咖啡時，香檳和魚子醬也不能帶給我樂趣，我不敢快樂，也快樂不起來，我覺得心情比以前更糟。

我心裡不禁萌生一個想法，和別人一起賺錢不是更好嗎，當然，還是要比他們多賺一些，但和他們在同一陣營，不是更好嗎？我的成功，幾乎使我感到沮喪，當其他人哭泣時，我怎麼能笑得出來。

我第二次的賣空投機，以瑞典火柴大王依瓦爾・克魯格（Ivar Kreuger）的自殺告終。和其他許多人一樣，我也把賭注押在克魯格帝國的毀滅上，而最後我還是正確的。但對這次成功，我無法感到高興。雖然不合情理，我卻覺得自己對克魯格的死負有責任，我開始懷疑起我的賣空投機哲學，我走的路正確嗎？

證券市場替我回答了這個問題。不僅在人生觀上，甚至在物質上，我都放棄了賣空投機。在隨之而來的經濟繁榮時期，指數重新上漲，我失掉了大部分利潤，但因為我不再盲目崇拜金錢，要變成買進的投機者，對我來說並不困難。這回，我和朋友們一起賺錢了！從此之後，我便靠向牛陣營。這期間，雖然我也一再對下跌的指數進行投機，但已不再是投機生涯剛開始時那種執拗的賣空投機者了。

世界所有的證券市場，牛和熊都互相挑釁對抗，經常用非常野蠻的方法搏鬥。搏鬥使他們力量倍增，牛試圖把熊打倒在地，而熊則等待著有利時機，以強有力的熊掌掐住牛脖子。就像站在法蘭克福證券交易所前的廣場上一樣，牛和熊這兩個互相敵視的兄弟面對面站在一起，他們都想戰勝對方。

在期貨市場上，任何一筆買進交易都對應著一筆賣空交易，而在股票市場上，一百名投機者中，只有五名是賣空投機者，其他九十五人都是做多投機者。成為賣空投機者，早已被視為是精神上的一種墮落，幾乎是違背常理，嚮往痛苦，這裡說的痛苦，是別人的痛苦。

匈牙利著名作家法藍茲・默納（Franz Molnár）對證券交易所根本一無所知，但他卻曾經非常貼切地為賣空投機者下了一個定義：「一個為自己挖墳墓，卻讓別人掉進去的人。」這句機智的話，只有純粹的專業投機家才能理解。

當然，牛和熊彼此並不喜歡對方，也不存在令他們倆看法一致的經濟或政治事件。這兩種人的世界觀，截然不同，因此只有少數人得以在這兩個陣營間轉換。當我和同行談話時，只要短短幾分鐘，就能知道他是做買進，還是賣空投機，即使我們根本沒有談到證券交易。

少數人是經過深思熟慮，而決定做買進或賣空投機，大部分人則是受心理因素引導。賣空投機者是典型的悲觀主義者，買進投機者則是樂觀主義者。一個人總是看到某個訊息中不好的一面，另一個人總是看到訊息中好的一面。

在布達佩斯證券交易所，固執的賣空投機者是古斯塔夫・霍夫曼（Gustav Hoffmann）。當股票市場還處在輝煌的上漲階段時，一位同行發現他待在交易所一個冷清的角落，於是幸災樂禍地問他：「您知道一個做多的人每天能賺多少錢嗎？」

霍夫曼只抬了一下眼，便回答說：「這對我來說根本無關痛癢！這些錢最後全都會回到我口袋。只不過他花在香檳酒和女人身上的錢，對我來說是收不回來了。」

追根究柢，賣空投機者令人同情，而樂觀主義者即使口袋裡只有兩枚硬幣，也仍然是個貴族。悲觀主義者只是無足輕重的人，即使他的保險櫃裡裝滿了錢。

特別是在過去幾年中，熊經歷了痛苦的考驗。自從道瓊指數達到四千點以來，他們就在等待崩盤。華爾街證券交易所空頭部位非常巨大，公牛們發了財，而熊們卻破產了。由於指數上漲的壓力，他們不得不以更高的價格，把以前賣空的股票買回來，這反而使行情繼續上漲，他們完全低估了世界和平所帶來的榮景。

做多的投機者中，如果不是把全部財產投在糟糕的企業上，連最大的傻瓜也賺錢了。什麼時候進場都沒關係，只要有耐心，過去人人都是贏家，因為股票最終總會創下新的行情紀錄。

因此，我建議新手一定要做買進投機者，而不是賣空投機者。雖然賣空的優勢是行情下跌出現得比較快，而行情上漲卻總是沿著恐懼之牆向上爬，但只有經驗非常豐富的投機者才能夠預測到下跌行情的起點。不過有一點絕對可以說明，買進投機者的機會更佳，**一種股票最後可能上漲百分之一千，或甚至百分之一萬，但最多只能下跌百分之百。**

第10章 從預言家到顯示幕的訊息叢林

經常有人問我，我的訊息和想法是從哪來的。我的回答很簡單，其實，我不尋找訊息，而是發現訊息。

事實上我到處發現訊息，從銀行家、經紀人、分析家和經濟學家以外的任何人，小偷、董事長，甚至部長或應召女郎。前面的那些人看不到他們鼻尖以外的地方，或如大家常說的那樣，他們只見樹不見林，如果我採取和他們建議相反的行動，反而能取得巨大成果。

我從不同的報紙蒐集當天的新聞，我喜歡閱讀的報紙是《國際前鋒論壇報》，此外我聽廣播、看電視。在讀報過程中，可以發現對我來說重要的消息，通常是隱藏在字裡行間的訊息。對於每個人都讀到的標題、企業消息、利潤數據、利潤預估和統計數字，我只了解一下而已，對這些並不特別感興趣，因為這些訊息都已經反映在股價上了，而且就像股價一樣，已經成為過去式。**我的座右銘是，凡是證券交易所裡人盡皆知的事，不會令我激動**。

但透過字裡行間，則可以發現反映明天股價的訊息。有時，一篇長篇大論中一個短短的句子，透露出的訊息比文章還多。

最沒有意思的，就是那些和股價表現有關的訊息，這些都是先有股價，才有訊息的。如果美元疲軟，評論家便會在最新經濟統計數字和報告中找到一些消極解釋美元的數字或事件，作為報告美元疲軟的原因。假如美元堅挺，那些滑頭的傢伙也會找到理由。所以，這些報導和股價走勢沒有任何關係，事實上，美元之所以疲軟，是因為當天沒有足夠的需求支撐供給，而賣主出售美元的實際動機則是無法解釋的。

新聞是投機者的交易工具。但他不僅必須了解新聞，還必須預測新聞，並知道哪些新聞對股市重要，哪些不重要。如果是重要新聞，他還必須知道是好新聞還是壞新聞，最重要的是知道大眾，即股市，會對新聞做出什麼反應。

「既成事實」的現象

對證券市場的新手而言，股價對某些消息和事件的反應，完全不合邏輯。股市的反應常常像醉漢一樣，聽到好消息時哭，聽到壞消息時卻笑了。我把這種現象稱為「既成事實」（Fait accompli）現象，證券市場的邏輯和普通的邏輯無法相提並論。

投機針對的是未來某個不確定的事件，如果事件應驗了，就成為事實，對於事實，大家便無須進行投機。這意味著，股市預測未來將要發生的事件，如果大家期望某家公司在第一季的利潤增加，該公司股票的行情就會慢慢攀升，大眾期待愈強烈，指數漲得愈快。

所有人都想這麼聰明，都想在消息公布之前進場，如果某一天，利潤公布出來，並和大家期待的一樣高，這時股價就會回跌，期待的事情應驗了，於是成為「既成事實」。因為所有人都已在消息公布之前買股票了，這時市場上已沒有新的買主了。同時一些人獲利了結，就壓低了股價，直到下一輪的投機，例如大家投機第二季度利潤進一步增加，股價才會重新上漲。

如果第一季的利潤低於大家所期待的水準，股價便會在消息公布後一秒鐘暴跌。在這種情況下，即使本季利潤相較上季增長很多，甚至創新高，都已不重要了，因為大家只看到先前的期待落空。

當然，情況也有可能相反。如果大家預期某家企業的利潤下滑，就會提前賣股票，股價就下跌，直到消息公布。等到消息公布的當天，所有人都已賣掉股票，如果所公布的利潤下滑不像大家預期般的嚴重，股價就會在消息公布的那一刻逆轉、暴漲。

一九九〇年爆發的波灣戰爭，說明「既成事實」在指數發展過程中的意義。海珊（Saddam Hussein）突襲科威特後，大家預料將要發生戰爭，指數連續幾個月下跌，在大家擔心石油短缺的情況下，石油價格每桶從二十美元漲到四十美元。猶豫的投資者因為恐懼，逐漸把股票賣掉，當然和任何時候一樣，賣給固執的投資者。後來戰爭爆發，情勢一百八十度急轉，在美國對伊拉克成功進行軍事制裁後，指數直線上漲。石油價格則下跌五〇%，降到每桶二十美元。在我主持的《資本》專欄中，我曾經多次準確預測過證券市場的這種反應，後來很多人問我怎麼能事先知道這些，很簡單，我有不可多得的經驗。

二次世界大戰爆發前，形勢也是如此發展，自從希特勒占領布拉格後，巴黎證券市場的行情就持續下跌。

但就在戰爭即將爆發前，幾個投資者認為，大家應該在價格便宜時買進，因為這樣做毫無風險。如果沒有戰爭，大家就會經歷一場急速的行情上漲，如果戰爭爆發，那一切也已無所謂了，世界末日就在眼前，屆時大家有錢還是沒錢，都無關緊要了。

這些人當中，有位新聞記者柏西（Pecry）。他是個不可救藥的樂觀主義者，在戰爭爆發前的幾個星期裡，經常來找我，還帶來絕對不會發生戰爭的訊息，要我們不必擔心，大家應該買進。達拉迪耶（Daladier）的政府將會退位，下一任總理皮耶・拉瓦爾將立即和納粹政府就但澤（Danzig）問題達成協議，一切都會井然有序。

我不同意他的樂觀態度，而且長期以來，我已在巴黎證券交易所裡忙著做賣空投機了。價格先是緩慢下跌，後來速度加快，我已經有可觀的利潤入帳。

我的做空投機是一種按月展期的期貨合約。在每個月月初，即所謂現貨日，我可以將上個月價格下跌所產生的利潤收入囊中。在下一個現貨日，即九月六日，我本可以在股市上大賺一筆。

一九三九年八月二十四日，李本托普和莫洛托（Ribbentrop-Molotow）協定後，我確信戰爭肯定會爆發。離九月六日只剩十四天，不過，我沒有失去鎮靜，而是考慮該如何把事情處理妥善。如果戰爭爆發，證券市場肯定崩盤，但交易所會先關閉，政府會暫停銀行和銀行家的業務。如此一來，不僅不能清算我的期貨交易，連我用來保證交易進行的銀行存款也會被凍結。

我很快做出決定，至少必須保住銀行存款，但為了取出存款，我必須清算賣空投機的交易。這實在不符合我的性格，因為我相信指數還會繼續下跌。然而，這種時候，這些想法都已不重要了，繼續賺錢已不再是我關心的事，我堅信證券交易所和銀行都會關閉。我把賣空交易結清，把存款轉到美國，我父親經常說：「有些人說起話來聰明，做起事來卻很愚蠢；還有些人說起話來愚蠢，做起事來卻很聰明。」我當時就屬於後者，接下來發生的事，和我的期待截然不同。

我完全搞錯了，儘管如此，我還是很幸運。戰爭爆發了，但證券交易所沒有關閉，甚至期貨交易也繼續進行，沒有暫停業務，甚至也沒有實行外匯管制。九月六日，我把最後一筆賣空投機的利潤取出來，將之轉到美國。

這時形勢逆轉，所有買進，還有像我這樣把所有賣空投機結清的人，都得到意想不到的好運，因為我彌補了看空的損失。指數連續六個月全面上漲，直到法國軍隊完全潰敗後，才轉而下跌。

那些認為戰爭爆發意味著世界末日，所以有錢沒錢都無所謂的人，也錯了。因為事實證明在接下來的幾個月和幾年，有錢才能救自己的命，沒錢就得走向毀滅。

我的朋友柏西首先走運，雖然他的預測錯了，但他做的買進投機交易，還是讓他成為贏家。他幾乎每天都會到我這裡來，帶來希特勒目前已經解決了東部戰線、皮耶・拉瓦爾將接管法國政府等消息。所以大家只須耐心等待，繼續買進，因為和平即將來臨。

正如我們所知的，他又猜錯了。希特勒打敗波蘭後，又發動對西歐的閃電戰，荷蘭被占領，比利時棄械投降，令人不安的日子接踵而來。一連幾個星期，我沒見到我的朋友，但有一天，他突然上氣不接下氣地跑到交易所來找我，把我拉到一邊，以極低沉但帶著微笑的語氣對我說：「親愛的朋友，現在你得幫幫我，告訴我應該買什麼，因為我想趁大漲的行情大賺一筆。」

我激動極了，「難道是希特勒死了？」我問。

「不是，正好相反，納粹軍隊離巴黎只有三十公里，兩天後，他們就會到這裡了，戰爭真的要結束了，物價將飛漲，我應該買什麼？」

我該怎麼回答他？對我來說，這是世界末日，交易所的職員仍四處奔跑，彷彿一切如常；但我知道，後天，納粹軍隊和蓋世太保就要到巴黎了，彷彿被人用沉重的槌子打了腦袋似的，周圍的一切開始旋轉起來。

我的朋友繼續催促我告訴他，應該買哪一種股票。對他來說一切如常，希特勒來了，就這樣而已。只是柏西想的和我不同，即使我想回答他，也做不到。我感到心頭一陣涼意，我匆忙跑出交易所，跳上計程車，回到家裡。站在屋裡，我環顧四周，撫摸那些我特別珍愛、卻不得不留下的東西，和它們告別。我心想，我也許再也見不到巴黎了，這些可愛的人，我的朋友，同行，熟悉的街道和林蔭大道，還有其他許多在生活中有意義的東西。

在那段時間，我的朋友還一直到交易所來找我，希望我為他挑選股票，他想用這些股票從希特勒的勝利中得利。我不知道他最後選了哪些股票，我只知道，和我的錯誤相比，他錯得更厲害。有一點他是對的，皮耶・拉瓦爾真的成為納粹占領區內的法國總理。但從此以後，指數不再繼續上漲，相反的，證券交易所真的關了，有很長一段時間無法賣股票。後來當一個規模很小的市場重新發展時，大家賣掉股票換得的法郎已經分文不值。

然而柏西最大的錯誤，在於他把命運繫在希特勒身上。戰爭結束後，我重新回到巴黎，打聽過他的下落，才知道他因為和納粹勾結，被判十年徒刑。我父親說得對，有的人說起話來聰明，做起事來卻很愚蠢。

在法國，我把這個故事寫出來，但出版社卻把這段刪掉。

波灣戰爭和一九三九年的情景相同。一九三九年時，我只是幸運。一九九一年，由於我對「既成事實」現象得出的經驗，預料到戰爭將要爆發時，投資者會紛紛賣掉股票，因為他們想，一旦戰爭爆發，指數就會下跌。但所有投入市場的人都想做聰明人，他們提前賣股票，所以指數在戰爭爆發前早已下跌。

如果戰爭真的爆發，所有人都已經把股票賣掉了，不再有資金流入證券交易所。股票掌握在固執的投資者手中，他們也不願賣股票，因為他們預見戰爭將會結束。

突然之間，股票市場只剩下買主，幾乎沒有人想賣股票。上漲情況出現了，吸引大眾投入，漲勢更甚之前。然而，如果戰爭真的爆發，就像伊拉克突然入侵科威特那樣，後果將會是毀滅性的，證券市場很可能陷入恐慌。

過去的布宜諾斯艾利斯證券市場，提供了大眾對突發事件典型反應的有趣實例。裴隆（Juan Domingo Perón）回到阿根廷後，指數連續下跌，降到非常低的水準。裴隆死後，他的遺孀，前夜總會的舞女，美麗的伊莎貝爾（Isabel）接管政府高層。證券市場的形勢看上去毫無希望，也沒有人想買阿根廷股票。股票在哪裡？在固執的投資者手裡，或許被鎖在保險櫃裡，雖然暫時無法預見，但大家卻期待著更好的未來。這時，發生了嚴重的意外事件：軍事政變，美麗的伊莎貝爾・裴隆遭到逮捕。第二天，布宜諾斯艾利斯的證券交易所因為買單過多，無法開門營業。三十天後，當證券交易所終於開市時，指數上漲了一百倍，後來更上漲二百倍。這個故事說明，當交易所的股票全部賣光，而後來又突然出現異常有利的消息時，交易所裡什麼事情都可能發生。

大眾所期待的事情，包括戰爭，在發生的那一刻，就已經成為過去式了，對證券交易所不具任何意義。但有一種訊息對未來也會有影響，那就是影響貨幣的事件，無論是否在預料之中。當然，中央銀行升息後，也可能出現「既成事實」的典型反應，這種情形事實上經常發生。如果大眾普遍期待升息，指數在利率措施實施後，首先將上漲，特別是當大眾認為不會再進一步升息時。但升息一定會在未來對貨幣供應量產生影響，且是極為重要的影響因素。因為高利率隨之出現的是資金短缺，這是不管證券市場最初反應是正面或負面，都會出現的結果。

資訊社會的投機工具

十七世紀阿姆斯特丹的港口，投機者經常連續幾個星期、甚至幾個月之久，等著印度公司貨船的消息。現在的投資人，則是整日遭到各種消息、統計數字、公司財報、分析師預測、專家意見等的輪番轟炸。指數顯示幕上，每分鐘都有上百條訊息一閃而過。基於這個原因，證券交易所中的賭徒陣營日益壯大，對他們來說，資訊社會是個天堂樂園，每秒鐘都有新的資料為依據，賭行情將走向高處或低點。其中美國的債券市場更是古怪，以就業市場報告為例，如果各種資料同時公布，甚至會發生因為新就業的人數較少，債券價格先衝向高點，但過了三十秒後，債券價格又回到原來的水準，或跌得更低，因為根據報告後面某個部分的訊息指出，時薪漲幅比預期的高多了。玩家們在決定買或賣之前，甚至來不及讀完報告。

顯然，長期投機者不會對這些天天發生的事做出反應，但為了得到投資方向，難道不必了解這些消息嗎？答案是不用。

法國政治家和作家赫里歐（Edouard Herriot）曾如此評價文化，他說文化是大家已經把所有一切都遺忘後唯一保存下來的東西。股市也是如此，股市不是一部百科全書，儲存了年度報告、紅利、指數、營業報告和統計數字，這些東西儲存在電腦裡，需要時再調出來就好了。**真正的股市知識，是那些當你忘記所有細節後留下來的東西，你不需要無所不知，而是要理解一切，在關鍵時刻指出正確的內在關係，並採取相應行動。**你必須像雷達一樣捕捉重要事件，正確解釋內在關係，並且獨立思考。

提示、建議和傳言

我去餐廳吃飯時，從不點侍者向我推薦的菜，因為他只想把這道菜賣出去。九〇%的證券投資建議和推薦也是如此，只有極少數是善意的建議，大多數情況下，都是某家銀行或集團為了向大眾推銷某種股票，所做的促銷和廣告宣傳。他們寫下非常樂觀的分析報告，透過媒體和口耳相傳四處傳播，於是股價受到人為操縱，哄抬到高點，因為沒有比向大眾兜售行情上漲的股票更容易的事了。購買股票後又推動股價不斷向上漲，當猶豫的投資者買進股票後，大家才會發現，那些樂觀的分析只不過是一派胡言，但這時距離崩盤已經不遠了。

這種鬧劇經常發生在德國的新市場（Neuer Markt），就是新興科技公司上市的股票交易市場，連知名的證券大師，也向電視觀眾和看他證券分析的讀者，強迫推銷自己之前已買下的股票，這簡直就是現代版的攔路搶劫。熟悉證券市場的人，很容易就能看穿這種詭計，但外行人卻看不出來。

每個人都能搞鬼，普萊爾（Egbert Prior）也不例外，我已觀察他多年了，他是個聰明的好人，但也不能阻止我揭露他所作所為的真相。我並無意批評那些股票在新市場上市的企業，創投基金當然有利經濟發展，但這裡所發生的一切，卻說明事情可能會失去控制。我指責的是對這些股票所進行的交易，這完全是犯罪。例如透過人為操縱，把戴姆勒克萊斯勒或ＩＢＭ公司的股票推高十倍之多，難道不是犯罪行徑？令人遺憾的是，設在法蘭克福的聯邦銀行監管局，對這一切置若罔聞。他們若不是睡著了，就是對操縱證券交易一無所知。在美國、英國或法國，這種事情絕不可能發生，因為監管機構早就把這些罪犯抓住了。

有目的的傳播謠言，也是操縱股價的一種途徑，自從證券交易所出現以來，大家便利用這種手段把大眾帶到某個方向。早在十七世紀，英格蘭銀行主席富內斯（Henry Furnesse）就是這方面的大師，他掌握完善的訊息網絡，只要出現重要的訊息，他在歐陸的親信便透過信鴿把訊息傳遞給他。如果他想買進股票，他的代理人便在倫敦證券交易所上演一齣大戲，他們緊鎖眉頭，表情神秘地跑來跑去，彷彿聽到什麼壞消息。他們下幾筆賣單，讓大眾注意他們的動作，由於他們的老闆地位極高，所以他們的一舉一動都備受關注。撲克牌遊戲中，大家把這種行為稱作「虛張聲勢」，是被禁止的。投機者機靈地跟進他們的作法，引起大量拋售，價格下跌。一旦計畫成功他便能用低價買進。

你只能相信好朋友或可靠的投資顧問的推薦，因為有多年來良好業務關係的支持。你必須絕對確定他不是為自己的利益而推薦。但對於「熱門推薦」你只能做一件事，就是反其道而行。

神奇的猶太拉比到數學家

到處建議別人的人，只要有一次準確命中，預測出行情大漲或崩盤，便會升格成為傳奇的股市大師，受人尊敬、讚美，有時甚至受到膜拜。一大群投資者專心聽他們講話，當大師推薦他們買X或Y股時，他們立刻衝向電話，一秒也不遲疑。這些證券交易所中的先知大都利用知名度，操縱指數朝有利他們交易的方向發展，他們的分析方法涵蓋數學及占星術。我已經講過，普雷希特靠著艾略特波浪理論，在八〇年代紅極一時。

尤其令我印象深刻的是葛蘭維爾（Joe Granville），他大放厥詞的自我宣傳，在正確預測，或者確切的說法是猜出道瓊指數回跌三十點後，成為證券交易大師。對這項預測，他竟希望能得到諾貝爾經濟學獎的殊榮。其實，這個預測並不容易，實際上，是他對兩萬至五萬名股票持有人發電報，危言聳聽地建議他們賣掉所有股票，才造成指數回跌的。指數當然會回跌，如果幾千名幼稚的散戶突然把手中的股票全部拋售，道瓊指數是很容易下跌三十點的，這在當時甚至不超過三%。葛蘭維爾成為明星和股市大師，不僅在美國，連在德國都能找到他的追隨者。

另外還有一位住在蒙赫（Montreux），負責管理證券帳戶的歐利格謬勒（Kurt Oligmüller），他在德國一躍成為股市大師。我和他本人打過交道，從前在《資本》雜誌專欄裡，我曾經取笑過星象學家、證券交易所中的鍊丹術士和類似的學者，後來他寫了一封信給我，他覺得我的話傷害了他，雖然我從來沒提到過他的名字。他為自己精確預測任何價格走勢的新理論大做宣傳，一些記者甚至為這發明向他恭賀，他稱自己的理論是「黃金分割」。

在信裡他用攻擊性的口吻辱罵我，聲稱葛蘭維爾小手指上的證券交易知識都比我腦袋裡的多。他要求我在專欄裡，不要講述證券交易所的軼事，而要精確預測任何一種股票在三十天後的行情。他寫道，證券交易是種嚴謹的科學，大家必須認識和研究。

遺憾的是，他的理論以悲劇收場；幾個月後，他先開槍殺死妻子後再自殺。這個可憐人在遺書中寫道，他仍然堅信自己的理論無懈可擊，但遺憾的是他再也沒有證明這點的毅力和健康了。他把客戶委託的資金賠得一乾二淨。

這個悲慘事件證明了有些玩家是多麼的狂熱，我相信，歐利格謬勒是葛蘭維爾預測方式的犧牲品。就在葛蘭維爾預測道瓊指數下跌三十點成功後，他企圖再次證明自己的能力，在道瓊指數達到七百五十點時，他預言指數會在最短時間內跌到四百五十點。葛蘭維爾向大眾解釋：「百分之百肯定，我連老祖母們（他說的是上了年紀的女士們也一樣）也說要對崩盤進行投機。」後來發生的事，已成為華爾街的歷史：道瓊指數非但沒有跌到四百五十點，而且在後來幾年內，只漲不跌。據我所知，歐利格謬勒在芝加哥的指數期貨市場下了賭注，把他的全部資金都投機到葛蘭維爾預測的美國證券市場崩盤上了。

但葛蘭維爾絕對沒想過自殺，也沒想過要謙遜和知恥。他繼續大放厥詞，進行預測。當時他還大張旗鼓地出現在德國，在巴赫（Prudential Bache）基金公司籌辦的公開辯論會上，他自我吹噓說：「科斯托蘭尼先生說，他一百次中有五十一次是對的，就足夠了。這簡直是在開玩笑，我一百次都是對的，我也不像科斯托蘭尼那樣說『我想』或『我認為』，而是說『我知道』！」

更有意思的是，當我們兩人單獨在小沙龍時，葛蘭維爾向我承認：「科斯托蘭尼先生，您知道，我是個狡猾的騙子！」我甚至沒有嫌棄他。第二天，《法蘭克福匯報》（*Frankfurter Allgemeinen Zeitung*）登出這次的辯論，占了半個版面，說我百分之百正確，但對葛蘭維爾則甚至有些羞辱。文中表示，像安德烈・科斯托蘭尼這樣有教養的人，不和葛蘭維爾這種人進行一場像樣的辯論。

幾十年前，我的一些同行不相信數學，寧願相信神秘主義。有一次我剛到布達佩斯，一位好友便邀請我和他去拜訪一位熟人，那個人聽說我是個「徹頭徹尾的證券交易投機家」，十分希望和我認識。我知道她的名字，她叫芭芭拉・西碧格（Barbara Silbiger），是位虔誠的猶太老婦人。我年輕時，她是布達佩斯有名的女算命師，國家元首何比將軍（Nicolaus Horthy）、部長貝特倫（Bethlen）爵士和其他許多匈牙利貴族，都是她的客戶。每逢新年伊始，報刊雜誌都會大篇幅報導她對未來十二個月的預言，她是公認的匈牙利女預言家。

然而，她的邀請並不令我覺得舒服，我絕對不想知道我的未來，因為證券交易所中，每天發生的每一件意外事件，都帶給我甜蜜的感覺。但我的朋友向我保證不會談到算命，反而是芭芭拉想從我這兒了解其他事情，於是我們動身前往匈牙利的德爾菲神殿（Delphi，古希臘的神殿），即布達城後的山區，那裡幾乎已是世界的盡頭。

在一間堆滿雜物的小屋裡，一位衣著破舊的老婦人接待了我們。一把破爛的靠背椅被她重達一百多公斤的身體壓得嘎吱作響，空氣混濁的房間裡雜亂無比。但當她開始說話時，景象便改變了，她的用詞高雅，非常有教養，而且完美的駕馭著好幾種語言。

「我親愛的孩子，你就是那個在證券交易投機中極有天分的人。你看來了解證券遊戲中的所有伎倆，我很高興能從你這兒聽到和學到一些東西。」

我簡直不敢相信自己的耳朵，這位年老，看樣子一貧如洗，而且還是在一個共產主義國家裡的女人，怎麼會知道道瓊指數、本益比或可轉換債券呢？然而，聽起來似乎有些可笑，我覺得向她灌輸證券交易所的真理，對我來說是種享受。我在她那裡待了兩個小時，發覺到一位天才且興味盎然的學生，實在令我欣慰。離開時，她要我和她保持聯繫，並不時寫信把我對不同證券交易市場的看法告訴她。

幾個星期後，當我再次回到西方世界時，向熟人說起這次會面，同時得知，有四位居住在國外的匈牙利人，一位在蘇黎世，一位在倫敦，第三位在日內瓦，第四位在紐約（他們都是詭計多端的國際證券交易玩家），多年來一直和我的新朋友保持聯繫時，我真是驚訝極了。他們定期寄禮物和包裹給她，而他們則從芭芭拉處，獲得世界各個證券交易所的行情預測。她有時斬釘截鐵的預測，例如：「秋天時，在華爾街把所有股票拋掉！」有時又很神秘，例如：「在巴黎買進所有P字母開頭的股票！」或者充滿畫境，如：「在蘇黎世投資黃色的股票！」

我對自己說，為什麼不呢？她憑著直覺，這種直覺肯定以某事為基礎，她也許是從冷靜的投資者、經紀人或銀行家從未注意的事件中，得出結論，但實際上是從她那位於共產主義土地上，堆滿破爛的小屋中影響四名國際職業投機家的證券操作。

自從我拜訪過她後，她掌握了一條新的直接連線，把我從巴黎寄到遙遠布達佩斯山區的「智慧」，貼上她的預言標籤，再傳遞到世界各個角落。藉著這個新機制，芭芭拉的建議顯得更加內行，但她的預測是否得到證實，今天我已說不上來了。

有意思的是，大多數股市大師都是崩盤的預言家，預測上漲的股市大師較少，也許是因預言世界毀滅較能吸引人和引起更大的轟動。但他們的日子都不好過，今天幾乎沒有人再提起他們。包括美國的普雷希特和葛蘭維爾，以及在德國，我的同行暨朋友保羅・馬丁（Paul C. Martin）都是這號人物，馬丁連續在幾本書裡預測將出現崩盤，現在他為《圖片報》（*Bild*）撰稿。還有前銀行家菲利普・馮・伯特曼（Philipp Freiherr von Bethmann），他肯定從來沒有想過操縱股價，而是百分之百相信自己的預測。

幾年前，菲利普曾在《法蘭克福匯報》登出整版廣告，警告大家預防世界經濟崩潰，這則廣告花了他一大筆錢，但他卻沒有從中得到任何好處，現在也沒有人提起他了。目前仍很活躍的只有羅蘭・洛雪（Roland Leuschel），他是幾年前轉到崩盤預測大師陣營的，早在道瓊指數達到三千點時，他就曾預測將出現第二個一九二九年。這期間，只要指數下跌，他總是重提所謂的切香腸式崩盤，意思是崩盤將逐步發生。

從字面上看，這種預測是錯誤的，崩盤（krach）是後果極嚴重的突發性意外事件，我對崩盤的定義如下：女僕端著湯碗走進餐廳時，把湯碗摔破了，第一個衝擊出現在瓷碗掉到地面時，再來是碎片四分五裂，最後是管家對女僕的叫聲。這就是崩盤的衝擊，甚至可說是崩盤三部曲。

洛雪非但沒有收斂，反而藉此炫耀他有多正確（「我早就告訴過你了！」），但事實上，這位德籍比利時人的預測從未應驗過。在美國，還有吉姆・羅傑斯（Jim Rogers），一直以崩盤先知的角色活躍在證券市場。幾年來，這位喬治・索羅斯（George Soros）以前的合作夥伴，一直警告大家華爾街估值過高。

股災大師最後應該像我在布達佩斯的哥哥那樣，承認自己的錯誤。在一次大型的家庭舞會上，他對女主人說：「您看到那邊那個相貌醜陋的大腦袋侏儒了嗎？」

女主人回答說：「那是我兒子。」

我哥哥尷尬無比，臉色發白，不過還是理智地回答說：「可敬的夫人，如此的錯誤無法彌補，我告辭了。」

於是，他走了。

眾所周知，我從來不是股災大師，但新聞記者還是經常把股市大師的頭銜加在我身上，雖然我從來不提供建議，也不接受這個頭銜，因為大師不能出差錯，而我肯定不是這樣的人。只有世界著名的奇蹟猶太拉比馮・富特（Von Fürth）提出的證券投資建議沒有錯誤，當法蘭克福一群證券投資者問及現在該在證券交易所做什麼時，他回答說：「買不賣！」股票經紀人只需為這個建議加上標點，「買，不，賣。」或「買，不賣。」

知情意味毀滅

在證券交易所，大家最渴望得到的是內線消息。即使各國都明令禁止利用內線消息，也影響不了這個事實。這是一種情結，所有的證券投資人都相信其他人比自己了解更多訊息，是典型的「鄰家草坪更綠」的老故事。如果某個投機者偶然得知某個同行下單買進某支股票，他馬上會猜那位同行是不是知道更多的訊息。不過，這種猜測幾乎永遠是錯的，因為即使他知道某些內線消息，也不一定正確。

簡言之，**「知情」常常意味著「毀滅」**。三〇年代初，我在聖摩里茲（St. Moritz）過冬時，也曾遇過這樣的事。那時，聖摩里茲是奢侈和財富的象徵，擁有大廳、酒吧和燒烤的皇家飯店（Palace Hotel），地位非常重要，這裡是國際金融鉅子、花花公子及世界各地名流聚集的地方。讀者會問，我在這個上流社會圈子裡做什麼，身為一名旁觀者，我在大都會裡學到寶貴的生活經驗，更幸運的是，透過賣空投機，我也擁有了可觀的金錢。

這個多彩的小世界，如今像去年的雪一樣消失得無影無蹤。然而，當我幾年前從皇家飯店大廳經過時，這些人物再一次栩栩如生地出現在記憶中。在大廳的一個角落，我看到了破產前的汽車大王雪鐵龍。另一張桌子旁，則坐著迪特丁（Henry Deterding）爵士，他是荷蘭殼牌石油公司（Royal-Dutch-Shell）的總裁。離他不遠處，迪特丁的競爭對手，標準石油公司（Standard Oil）總裁提格（Walter C. Teagle）正在用餐。據小道消息說，這兩位石油鉅子每年在這會面，商討價格、市場、石油等問題，就和今天石油輸出國家組織會議上的石油酋長一樣。

離他們兩步之遙，我看到世界著名的畫家凡・東根（Kees van Dongen）和卓別林。這裡少不了我的同鄉、傑出的投機家和最偉大的黃金債券專家普萊西（Arpad Plesch），另一邊坐著這個時代最有影響力的銀行家曼海姆，他總是坐在同一張扶手椅裡沉思。身為一位外匯交易商，曼海姆賺了大錢，在轟動一時的銀行破產案發生前，他被公認是阿姆斯特丹金融市場上的無冕王，所以自然而然給我留下深刻印象。曼海姆矮小結實、為人傲慢，充分了解自己的權力和重要性。

在皇家飯店，我用私家偵探般的眼睛注視著這些人，分析他們的表情，並想偷聽他們的談話，他們肯定不是在談論天氣。而之後發生的一件奇怪事件，滿足了我的好奇心。一天晚上，侍者敲開我的房門，遞來一封電報，我迫不及待打開。電文內容是世界各個證券交易所正在執行數額巨大的殼牌石油公司股票的買單，價值相當於幾百萬荷蘭盾。這些電報與我何干？我正丈二金剛摸不著頭腦時，把電報反過來，才看到電報是發給曼海姆的。

這種烏龍事情竟然會發生在皇家飯店！我的房間位在背陽面，和位於向陽面的曼海姆套房面對面。過了幾十年後的今天，我仍能感覺到當時的震驚。突然之間，我撞見了證券大神們的秘密，就在幾天前，我還發現迪特丁爵士和曼海姆在一個角落裡熱烈交談著。如今回想起來，他們肯定是在策畫關於殼牌石油公司的特殊交易。

我按鈴把侍者叫來，把電報封好交還給他，然後努力想把混亂的想法理出頭緒。我當時是賣空投機人士，出於經濟和政治上的原因，我傾向悲觀，不太容易接受買進投機的建議。當時的股市還正處在下跌階段，但這樣的訊息，這個有如鬼使神差般透露給我的訊息，肯定不會再發生一次。我心想這樣的建議一定要聽，緊隨其後，我也買進殼牌石油公司的股票。然而就從這一刻起，殼牌股票的價格開始下跌，一直跌到我買價的三分之一，而我則把聽從這建議的錢全賠光了。

我從來沒能了解那兩個人在皇家飯店大廳裡談些什麼，但從這段經歷，我得出兩個結論：大金融家可能是位糟糕的投機者。而在冬季的休閒活動中，大家同樣可以累積有益的證券投資經驗。

第11章 如何選股票

到目前為止，我只分析股票市場，但只有手中握有正確股票的人，才能賺到百分之一千或是百分之一萬的鉅額利潤。

如此出場順序是我的有意安排。根據經驗，沒有人的選股技術，可以好到即使股市普遍下跌也能賺到錢。如果指數趨勢往下走，只有極少數的幾種股票能擺脫盤勢，充其量是成長中的產業可以維持原來水準，這些產業中最好的企業也許能略有收益，但是誰能事先知道，哪些企業是屬於這類型？不論在任何地方，都無法指望指數迅速上漲。如果貨幣因素不利，大家也不會有多餘的錢購買具潛力的股票，但如果證券市場趨勢轉變，影響貨幣的因素轉為正面，這時成長股就會像火箭一般直線上升。

在牛市中，如果流動性充裕，那些經歷過黃金時代，或正處在萎縮中的產業，也能保持良好的狀態。不過一旦熊市來臨，這些股票便會驟然下跌。所以結論是，**在牛市**

中，即使挑到最差的股票也能賺到一些錢；而在熊市中，即使挑到好股票的人也賺不到錢。因此投資最看重的是大趨勢，其次才是選股，只有投資經歷至少二十年之久的投資者，才用不著太關心大趨勢。

成長股：致富機會

如果整體發展趨勢呈現正面，投機者便必須找出成長潛力最大、機會最好的股票。首先，必須知道哪些產業將從未來發展中獲利，在發現產業後，還必須從中篩選出成長潛力最大的企業，再購買這些公司的股票。但是小心！誠如我提醒自己的原則：證券交易所中人盡皆知的事情不會讓我激動。當大眾發現成長型產業時，股價通常已非常高，包括今後幾年，甚至幾十年的成長，都已先行反映在股價上了。科斯托蘭尼雞蛋的原理當然也適用於具體產業，甚至是個股。當整個市場還處於上漲過程中的第二階段時，極有可能只有少數產業或個股被超買。

產業的繁榮和衰退，總是遵循相同的模式，一開始，出現大量新公司，這些企業生存的市場成長快速，即使最差的公司也能生存。隨後該產業成長緩慢，速度減緩，對品質的要求提高。過程就像篩子，大多數企業無法克服發展過程中的缺陷，於是滅亡，或是被合併，只有具競爭力的企業生存下來。如果該產業再度出現衰退，便開始第二次淘汰，所有企業都虧損，只有非常有實力的企業才能度過危機。最後，少數大公司分享市場。今天，大家稱他們為全球公司。

十九世紀的鐵路公司，和二十世紀初的汽車及石油業，就是這種情形。這期間要發展成通用汽車、福特汽車和克萊斯勒等今天的規模，得有多少汽車製造商因虧損而窒息，或有多少石油公司得從大家眼前消失，直到只剩下殼牌石油、埃克森（Exxon）、英國石油（British Petroleum）等幾家。此後，相同的命運也將降臨到電子和電腦業，同樣的，我敢打賭也會發生在網路業上。

新興行業呈「之」字形發展，先迅速向前發展，然後回落，接著又出現第二次成長高峰，隨後又再次回跌，但永遠也不會回到原來的水準。每一次回跌時，沒有生存能力的企業便會消失，在此同時，股票指數和新興產業平行發展，甚至還會超過實際的發展水準，這又是狗和主人的老故事。

投機者必須比一般大眾提前發現成長型產業，只有這樣，才有機會在合理價格時進場。如果等到這一產業成為證券交易所中的時髦行業，獲利就會增加十倍，有時甚至會增加一百倍，許多過去的股票都證明了這一點。

股票的合理價格

顯然，**股價永遠不會和公司的實際價值相等，總是有高有低**。股票難道不具有可以衡量的客觀價值嗎？如果真的有，大家就能夠指出某個企業的確切價值，也不會有證券交易所了，因為每種股票都會有固定的價格，可以透過電腦計算出來。然而，事實並非如此，所以，所有想透過電腦或其他神奇法則預測發展趨勢的實驗都失敗了，更不用說想準確預知股價了。

對股票的估計和判斷取決於成千上萬的投資人。然而，每個人每天對公司或產業前景和未來都有不同的看法。影響判斷的因素很多，與買家心情如何，甚至個人問題都有關：睡得好不好、家庭幸不幸福等等。

即使是對某種股票本益比的判斷，也是心理因素使然，有可能分析家認為某一種股票本益比十五偏低，並以此判斷該股票的價值被低估，但在其他時候，他們卻稱同一種股票的本益比偏高。因此，大家無法得出未來發展的結論，因為斷定「偏低或偏高」不是算術公式，而是一種心理因素的相對判斷。如果大家把本益比看成是股市分析的乘法表，就應該買ＩＢＭ、微軟的股票，而不可以購買網路股，因為根據這種計算方法，網路股總是行情過高，而很多股票不論過去或現在一直都在虧損，本益比甚至是負值。假如我只把賭注押在本益比上，可能會錯過大的投資機會。

轉機股：從死灰中復活的鳳凰

提前認知並捕捉到未來的市場領導者，是非常困難的。為什麼微軟和ＩＢＭ能夠成為市場主宰，在今天來看，一清二楚，但是誰能在二十年，甚至四十年前知道這些？除非投機者是每個產業中的專家，能夠準確認識和理解技術上的細節。但這是不可能的，因此我常把賭注押在所謂的轉機股上。轉機企業是指陷入嚴重危機、虧損、甚至即將倒閉的企業，這些企業的股價跌到谷底，但如果這些企業能扭轉局面，重新獲利，股價便會直線上漲。

我曾經做過的克萊斯勒股票，便是最得意的一次轉機股交易。七〇年代末，當這家世界第三大汽車製造業幾乎要破產時，我以每股三美元的價格購買，經紀人建議我做空克萊斯勒，因為這家企業肯定會破產。這種看法進一步證明經紀人這一職業的局限性，即使完全不考慮基本面，要賣空一種已經從五十美元跌到三美元的股票，完全是種瘋狂舉動。

機會和風險沒有任何關係，如果這家企業真的破產，損失利潤是每股三美元，但如果企業拯救成功，獲利卻可能是三十美元或更多。在克萊斯勒股票這件事上，我一如往常，採取和經紀人建議相反的行動。而且非常幸運，富傳奇色彩的汽車製造經理艾科卡（Lee Iacocca），讓美國國會相信克萊斯勒公司有能力生存下去。他採取一系列高超的作法，利用全新的模式整頓企業，於是股價從三美元開始迅速攀升，到了今天，除去股票分割和兌換成戴姆勒克萊斯勒股票後，股價達到一百五十美元左右。

分析師的荒唐辭彙

許多分析師和經紀人在評價有價證券時，將之區分成投機型和保守型，我認為這種區分過於膚淺，甚至是錯的。重點不在大家投資股票的品質，而是投資的數量，如果一位大資本家用少量的錢，購買一種相對沒有把握的科技股，那不算是投機，而是計算過風險的保守投資。但如果是一個小人物用超過自己資產的金額，也就是透過融資購買「最安全的」藍籌股，才是非常危險的投機。大家必須時刻牢記，投機型和保守型的區別，只是比例上的問題。

同樣地，我認為分析家經常說的「繼續持有」建議，完全是胡鬧。如果投資組合裡放著我已不會再買進的股票，那我便必須賣掉，有什麼理由要保留顯然已不會再上漲的股票呢？手續費大概是唯一理由，但在這個經紀人可以打折的時代，手續費並不是問題。

多數情況下，分析師會給已經急遽上漲的股票，套上「繼續持有」的評價。他們認為，如果投資者已經賺了錢，他可以保留股票。

經紀人犯了一個幾乎每個證券分析師都會犯的錯誤，即以自己買股票的角度來評價股票。如果他以一百元的價格買了一種股票，等漲到兩百元時，他就認為股票價格貴了；如果跌到五十元，他又會覺得股票價格便宜了。然而早在幾年前，以二十元價格買下同一種股票的同行，則是以另外一種眼光看待這一價格。對他來說，股價達到五十元就已經算貴了，而那些以兩百元價格買進的人，卻認為所有低於兩百的價位都算便宜的。

股票是貴，還是便宜，取決於基本數據和企業的發展前景，投機者必須盡可能按照這種標準客觀評價一種股票，至於是什麼時候進場的，並沒有太大作用，證券市場不會考慮這一點。即使已經上漲一〇〇〇%的股票，仍可能值得購買，而已跌了八〇%的股票可能還是不值得買進。這當然也適用於轉機型股票，並不是每一家即將倒閉的企業，都能扭轉倒閉的厄運。大家在購買股票前，必須想到，一家企業憑什麼成為轉機股，在克萊斯勒股票這件事上，我把賭注押在艾科卡身上，但我沒有買布萊梅火山船廠（Bremer Vulkan）或泛美航空（Pan Am）的股票，因為我看不到這些企業翻身的機會。

技術線圖：可能賺錢，但肯定賠錢

很多人用技術線圖尋找績優股。經常有人問我，如何看待此事，我的回答早就準備好了：「閱讀圖表是徒勞之事。」儘管如此，我一直都很喜歡看技術線圖，因為鑑往知來。透過圖表，大家能清楚看到昨天和今天的情況，但也只是如此而已。

多數的圖表分析師都想充分利用「之」字形走勢的每條小曲線，並事先畫出未來圖表的線條，這令人難以置信。根據這種畫法，他們已先入為主的確定必須買進和賣出的價格。然而我買一種股票，從不知道會以何種價格再把股票賣出去，也許低個五〇%，也許高出三〇〇%。我在實際操作中，認識了幾百名證券玩家每天根據技術線圖變化進行操作，他們之中沒人成功，相反地，許多人不久後便從交易所消失了。

有一次，在昆巴赫（Kulmbach）舉行的演講會上，我也說過同樣的話。這時有個人站起來，他是圖表書籍的出版商，他說：「科斯托蘭尼先生，您看前面，門口停著一輛賓士SL型轎車，是我的車，而我是位徹底的圖表主義者。」

「當然，」我說：「因為您賣圖表，而不是根據圖表來交易。」

圖表主義者當然能猜出指數在這裡或那裡的發展趨勢。在證券交易所，只有兩匹馬在賽跑：向上或向下。大家甚至可以不看圖表，或不考慮圖表，也能猜出發展趨勢。狂熱的圖表主義者的最大不幸是，倘若他剛開始利用他的系統賭博就獲利，那麼他會變得更加狂熱。

有一次，有人在賭場上告訴我的一位朋友，說他兒子正在賭場大廳玩輪盤。「他是坐著，還是站著？」我朋友很自然地問著，因為如果是站著，那他只是隨便玩玩，可能輸，也可能贏。但如果是坐著，那就會不停地賭，也許是有計畫地賭，那他肯定會分文不剩地離開賭場。**就像任何賭博遊戲、輪盤、賽馬，也包括圖表系統，長遠來看只有一條規則：大家可能賺錢，但肯定賠錢。**

今天，在任何一家銀行和經紀商大樓的分析部門，都能找到圖表分析師。他們要

「根據圖表」在每天的交易活動中引導大眾。這也沒有什麼好奇怪的，因為對經紀人來說，這類客戶是最好的生意，他們巧妙地受到擺弄，支付幾百萬美元的佣金，他們使經紀人變成富翁，卻令自己的遺產繼承人大失所望。

根據玩家的喜好，有幾十種圖表理論，精確規定大家在何時及如何買賣股票。我對這些理論根本沒有看法，但有一條法則適用於所有人：圖表主義者不可把事件、政治和經濟的因素考慮進去，必須嚴格堅持他們的圖表理論。因為指數的發展應該是所有相關因素共同作用的結果，其中也包括我們沒有認識到的因素，以及有說服力的圖表主義者根本不應該知道的因素。整個圖表哲學最終是基於一個假設，如**法國哲學家約瑟夫・優貝特（Joseph Joubert）所說的：「想要把握未來，就必須帶著敬畏之心對待過去。」**

但我特別觀察了兩個圖表（參見下頁圖）規則，饒富趣味，然而，這兩條規則卻很少出現在圖表學家的表單上，而且總是指個別股票而不是整體的股票指數。這就像醫院裡的醫生會觀察自己病人的體溫變化圖而得出某個結論，但畫出所有病人的平均體溫曲線是完全沒有意義的。

我觀察的這兩個規則和雙重底和雙重頂理論有關，即M和W規則。「雙重底」W指的是，在股價上升過程中，前一次股價的高點不斷被下一次股價高點打破，如果這種現

雙重頂與雙重底理論

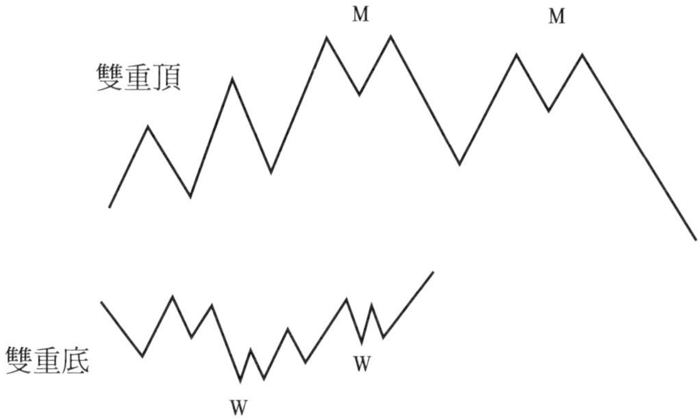

象重複出現幾次，就會讓人得出股價將繼續上漲的結論。但如果圖表幾次顯示出「雙重頂」即M形時，即表明股價的天花板，也就是說，無法繼續突破的行情高點，也許有大批股票被售出，只要這個水龍頭不關上，股價就不會上漲。

我們假設，由於繼承遺產，現在有十萬股票等待出售，例如，委託售價定為九十元，如此每當股票的價格接近九十元時，就會有大量股票投入市場，股價便再次下跌，只有當所有的「遺產股票」全部賣掉後，股價才可能重新上漲。同樣的理論也可應用於下跌的股價上，在股價的下跌過程中，新的股價總是低於前一次的最低股價，這表明股價可能繼續下跌。

W圖形表明，股價回跌後將達到某個無

法突破的最低點，也許後面躲著某個想大量購買該股票的大財團，也可能是某個操盤聯合集團，甚至可能是某家大銀行出於心理因素「人為」支撐指數，用證券交易所的行話來說就是「護盤」。

M和W理論是最老的圖表規則，我雖然不是圖表主義者，但這兩個規則常幫我的忙。M和W理論是種相當有趣的現象，是證券投資者能憑藉經驗解釋的眾多現象之一。

但對大多數看圖表的人來說，曲線不僅是輔助手段而已，他們像用電腦的輪盤賭徒一般，對這種系統迷戀不已。許多賭場都有賭博集團，一個人把賭注押在第二個人用電腦算出來的數字上，第三個人在他們兩人之間來回計算，他們就這樣連續工作好幾個小時。我時常在蒙地卡羅和巴登巴登（Baden-Baden）觀察這些人，大家不用問結局如何。晚上，他們還非常狂妄，堅信自己的運氣，相信找到「那條」數學公式。但到了凌晨三點，他們只乞求幾個錢，好讓他們重新開始這個完美無缺的系統。大多數圖表主義者都是如此。

第12章 用別人的錢交易的投機者

很多投資者決定讓專業投資者為他們操盤。正如大仲馬所說的那樣，這個行業的成員明白，最賺錢的生意就是用別人的錢。無數不負責任的人只想到一件事：盡快把客戶的錢弄到自己的帳戶中或透過昂貴的佣金洗劫客戶，或乾脆私吞客戶的錢。他們雖然對投資一無所知，卻精於應付客戶，而投資者最後幾無例外都賠光了。

投資四要素

認真負責的基金經理人，試著獲得利潤超過平均水準的績效表現，但令人遺憾的是，只有極少數人能成功。多數基金經理人的表現，比手中握有同一種股票達三十年之久的家庭主婦還要糟糕，為什麼？

因為他們不是固執的投資者，他們缺乏耐心和想法。他們是沒有思想的賭徒，雖然在學費最貴的大學裡念過書，擁有最複雜的股票分析程式，會閱讀圖表，但他們看不到大局。

在每個月都要有出色表現的壓力下，他們反覆賭博，如果他們購買的股票沒有馬上上漲，過沒多久，他們便把這些股票拋掉，然後在股價最高的時候，跳進正在「上漲」的股票。他們之中有些人賭癮很大，把委託的資金全部賠光，自己也沒有發財。

總而言之，用第三者的錢交易的投機者，無論是基金經理人、資產管理人、私人銀行家，還是投資顧問，都必須正直、有責任感、經驗豐富，像固執的投資者那樣擁有四種要素。正直，就不會私吞錢財，處理事情時有責任感，就不會冒不可控制的風險，對待委託的資金，至少能像對待自己的資金般小心謹慎。

經驗是投機者最好的學校，無論投機者是為自己，還是為第三者投資，都需要這四種要素，才能使經驗變成成就。如果缺少其中之一，即使每天連續十六個小時，一頭栽入客戶的業務裡勤奮忙碌、進行分析也無濟於事。**正如莫里哀（Molière）所寫的：「一個懂得很多的笨蛋，比無知者還要愚蠢一倍。」**

投資基金：多數投資者的公車

這一想法並不新穎，早在六十年前，我對投資基金便很感興趣。在美國，我年輕時的朋友伊姆勒・德維格（Imre de Vegh）是基金想法的先驅之一。基金當然也有負面的弊端，我曾經激烈反對的ＩＯＳ基金，對德國人而言即是很糟的經歷。一九六九年，當ＩＯＳ基金正如火如荼發展之際，我正在巴伐利亞儲蓄銀行的投資會議上擔任嘉賓。

從波昂來的一位處長解釋外國投資法，並闡述基金投資方式的好處，他把投資基金比喻成一輛公車，適合每位買不起汽車的人，交給基金經理人的任務和公車司機的任務是相同的。我挑釁地問他：「你如何查驗公車司機是否有駕駛執照？」

投資行業在過去幾年內發展成熟，今天對基金的控制更加有效，共同基金、特別基金和退休基金持有最大的股票部位，構成證券交易所的基礎。從經濟學的角度看，這些基金滿足了每位小儲戶透過投資參與經濟發展的目的。每月用不到一千馬克、甚至只有五十馬克的少量資金，就可購買股份，以微薄的資金促進經濟進步。從中，我也看到反擊馬克思主義的最好方式，透過少量的資本投資，每位公民都變成一名小資本家，散戶築成反對共產主義的最好堡壘，令一般民眾實踐了民主和自由資本主義，因此，西方政府非常贊成發展投資行業。

但如何選擇基金，卻變得愈來愈難，市場上有上千種不同投資重點的基金。基金經理人當然沒有時間和每位投資人談話，因此基金品質只能靠績效來衡量。不過，投資人不僅應該看基金經理過去三年的績效，更要看過去十年，甚至是過去二十年的績效。因為有三年好績效表現的人，可能只是運氣好。其實，關鍵是這些績效是利用哪些股票，採用何種戰略得到的。

基金有點像餐廳，關鍵不只是材料的品質，廚師的烹調技藝也很重要，否則即使用一流的材料，廚師也可能做出難吃的飯菜。相反地，一名偉大的烹調藝術家，用簡單的東西就能料理出可口美味的佳肴。

避險基金：看名稱就知是騙局

在我所提的投資基金中，絕不包括避險基金，因為避險基金是百分之百欺騙大眾的騙局，甚至是雙重騙局，因為它既避不開風險，也不是基金。避險基金不是基金，是因為在資本市場發達和投資保護法健全的國家裡，根本不被授權成為基金。於是所有避險基金，都不得不在小島國上找尋自己安身的故鄉，這就為詐欺開了閘門。就像羅恩格林（Lohengrin，譯註：華格納歌劇中的人物）在著名的聖杯故事裡所唱的那樣：「在遙遠的地方，你們的腳步難以靠近。」

而且這些基金也不從事避險交易，避險交易是另一種業務，例如有人持有金礦股票，然後以期貨出售黃金，這時他才擁有可規避風險或有保障的部位。如果黃金下跌，雖然金礦股疲軟，但他在期貨市場上仍可利用行情下跌賺錢。但如果黃金價格上漲，金礦股就會朝有利方向發展，以降低在期貨市場上損失的金額。但避險基金只沿著一個方向，即用超過自有資本數倍的數額進行投機，甚至連金額很小的外匯、債券和原料期貨交易的保證金，也要以額外的貸款來繳納。

這絕對是賭博，就像我在賭場大廳對邁爾先生說：「你對賭博一無所知，現在你把錢交給我，然後去散步兩個小時，這期間我會替你玩輪盤。」當邁爾先生回來時，我對他說，我把錢全輸光了，這時他除了生氣，變成窮人回家外，無計可施。

一九九三年，索羅斯管理的量子基金透過投機英鎊貶值，賺取了超過百分之百的利潤，這次成功掀起社會大眾一股狂熱，大多數人相信，避險基金經理人有把握穩賺不賠。

早在十五年前，一位女舞蹈家就對我說過同樣的話，這位女舞蹈家堅信避險基金，我問她樂觀態度從何而來，她回答得簡潔且具啟發性：「你知道，股市並不總是上漲，也可能下跌。如果股市下跌，避險基金讓大家也能賺錢。」

我終於從一位芭蕾舞家處學到這兩條重要的證券交易投資公式。

「避險基金也做賣空投機，如果股市行情下跌，他們可以便宜買回這些股票；如果股市行情上漲，避險基金也可以利用買進交易賺錢。無論上漲，還是下跌，利潤都有保障。」芭蕾舞家向我解釋。

又一個失利案例

乍聽之下，完全符合邏輯，而且十分簡單。這讓我想起來自瑞士的一位女士，她總是用動聽的話接待打橋牌的朋友：「我希望你們大家都能贏。」

避險基金有多安全，在去年秋天，長期資本管理公司（Long Term Capital Management, LTCM）倒閉時，我們已經領教過了。十六家銀行中甚至有像瑞士的ＵＢＳ和美林（Merrill Lynch）這些著名銀行，把幾十億鉅資委託給該基金，最後損失慘重，到底發生了什麼事？

原來基金經理人，其中有兩位是諾貝爾獎得主和哈佛大學數學教授，把賭注押在美國將升息，於是賣空美國國債，做多俄羅斯的美元債券，因為俄羅斯利率高於美國利率。這幾乎是令人無法理解的愚蠢行為，俄羅斯的金融情勢非常不穩，隨時都有進一步惡化的可能，結果是俄國的債券下跌，美國的債券上漲。由於基金欠下鉅額債務，不可避免地倒閉。此外，為長期資本管理公司提供貸款或投資的銀行也遭到池魚之殃，只得自己承擔損失。當然，個人投資者也損失了幾百萬元。

所以我不僅建議大家不要，而且禁止所有讀者、朋友和投資者把錢投資到避險基金上。

投資顧問：他們的快樂是客戶的痛苦

我所理解的投資顧問，是和顧客保持聯繫，並且在往後關照客戶的銀行職員和經紀人。他們提供顧客整體投資策略諮詢，並推薦股票、債券或基金。原則上來看，他們不是擁有證券交易授權的資金管理人，而是和客戶一起協商，決定每筆交易。因此，顧客可以妥善監督，也可在面對面交談中，了解他的顧問，這是非常正面的事。但**所有經紀**

人和銀行的投資顧問都和客戶存在利益衝突，他們只有在成交時才能賺錢，這點對客戶而言，相當不利。所以經紀人盡可能地頻繁買進、賣出，因為只有交易，才能得到佣金，沒有成交，就賺不到錢。

在德國，投資顧問原則上領取固定薪資，於是緩解了這個問題。但他們大部分的升遷機會取決於成交量多寡，於是也就和美國同行一樣，受利益衝突影響。

成交才抽佣的必然結果

看看實際操作情形，就可了解我為什麼這麼說：一位客戶持有一千張ＩＢＭ的股票，經紀人實際上也認為股價會繼續上漲，但如果他建議客戶繼續持有股票，他就什麼也賺不到。基於此他建議客戶最好把ＩＢＭ的股票換成康柏（COMPAQ）的股票，這樣一來，就出現兩筆佣金，一次是在賣出時，另一次是在買進時。

我知道我在說什麼，因為二次世界大戰前，有一段時間我也是經紀人，靠佣金過活。我對經紀人，就像之前多次說過的，並沒有很高的評價。只有極少數人靠著長期讓客戶滿意而飛黃騰達，大多數人只想賺快錢。我曾經和近七十名經紀人及投資銀行家共事過，充其量，我只信任其中五個人，多數情況下，我採取和他們建議完全相反的行動。有一首花腔女高音詠嘆調優美唱著：「奧斯卡知道，但他不說。」我把這句美妙的句子調過來：「經紀人說，但他不知道。」

資產管理人：基金經理人中的裁縫

認真負責的資產管理公司沒有經紀人和投資顧問的利益衝突問題，他們的收入主要來自他們為客戶取得的利潤，如果客戶賺錢，資產管理人也賺錢，反之亦然。資產管理人的收費結構愈與投資績效掛勾就愈好。

資產管理人填補了以前猶太私人銀行家留下的空白，今天這種私人銀行家所剩無幾，他們和客戶私交甚篤，熟悉他們的帳戶，甚至也熟悉他們的女友和情人。他們對待蹣跚的年老女士，不同於夫妻，對待為子女、為孫子操勞的父親，也不同於資金雄厚的單身漢。而投資的好壞，不僅和投資行為，更和投資者有關。出於這個原因，我一直拒絕提出一體適用的投資建議，因為在說出建議前，必須真正了解尋求建議的人，必須把他「看透」。

現在，大型銀行都在銀行櫃檯前提供諮詢，不再提供私人業務，他們出售「現有配套服務」。但是，資產管理人是「量身訂做」的裁縫，這也是我偏愛這類人的原因，因為這是我從自己的經歷中得出的經驗，多年來，我一直是莫逆老友黑勒（Gottfried Heller）的費都卡（Fiduka）投資組合管理機構的合作夥伴。

第13章　寫給敢做敢為的人

最後一章，有些讀者可能會問：我該不該衝進股市叢林，當個投機者試試運氣？有一次，在我主持的證券交易講座上，一名學生問我，如果我有兒子，會希望他成為投機者嗎？「當然不會，」是我的回答。「假如我有一個兒子，他會成為音樂家。第二個兒子要做畫家，第三個兒子當作家，或至少是新聞記者，但第四個兒子，」我補充說：「為了養另外三個人，他必須成為投機者。」

眾所周知，我不會勸任何人做投機者，但勸阻某人不做投機者，同樣也是徒勞無功。只要某個人被投機所吸引，就再也擺脫不掉，有股市投資經驗的讀者都知道我在說什麼。也許從我的經驗中，某個人或其他人會從賭徒變成投機者。

要真正理解股市，或是稍微掌握股市之前，肯定要繳很多學費。我再次重複：投機中賺的錢是痛苦錢，先有痛苦，然後才有金錢。

大家必須像對付瘟疫一樣留神這一點，不要冀望「不惜任何代價」，把賠的錢「重新賺回來」。如果已經蒙受損失，便必須接受，把帳算清，馬上從零開始。

賠錢是必然的

最難的是在股市裡承認賠錢，但就像外科手術，在病毒擴散之前，必須把手臂截肢，愈早愈好。要這樣做很難，一百個投機者中也許只有五個人能做到。證券交易所玩家犯下最不可原諒的錯誤，是設定獲利的上限，卻讓虧損不斷膨脹。一位正確操作、且有經驗的投機者會讓利潤增加，然後以相對較小的損失出場。大家不應該把「小魚就是好魚」的格言用在股市，**我的股市格言是：「看重小利的人，不會有大價值。」**既然在證券市場中投機，就必須是值得的。

如果有同行告訴我，他們買進一種股票，同時又下一張漲一〇%便賣出的訂單，我一定會笑他們。這讓我想到法國大作家薩沙・紀特利（Sacha Guitry），他雖然從不想聽到關於投機的事，但有一次，為了擺脫經紀人的糾纏，他還是下了一個訂單：「請你為我買一百股殼牌石油股票，等你再次看到這個價格時，便賣掉。」薩沙・紀特利的幽默和我同行們的態度差別並不大。

身為投機者，必須像玩撲克牌那樣，一手爛牌時少輸一些，一手好牌時多贏一些，而且也不可每天結算。一名投機者是否成功，只有他的遺產繼承人才能判斷。

在接受記者採訪時，有些基金經理人說他們白天工作十六個小時，這或許會使某些仍有一份工作、並有家累的業餘投資者望而卻步。大多數人會認為，和這些隨時掌握指數、擁有大型電腦的專業人士競爭，沒有任何機會。但這是一派胡言，專業投資者的工作，九五%是在浪費時間，他們閱讀圖表及營業報告，卻忘記思考，但對投機者來說，這才是最重要的。大家可以在任何地方思考，散步時、跑步時、騎自行車時、在飛機上、汽車裡、吃飯時，當然，我更喜歡的是在聽音樂時思考。資本小的投機者只能專注在一種產業上，如果他能獨立思考，就超過其他九〇%的同事了，不管那些同事做多少工作都一樣。

光環的效果

如果從某個時候起，在朋友、鄰居或一起運動的人當中，傳出某個人是成功的股市投機者，他就再也擺脫不掉這個光環了。不論投機者在什麼地方，在體育俱樂部、酒館、理髮店，還是在戲劇或歌劇演出的中場休息時，他都會被一大堆問題糾纏不休。

我多麼希望和偉大的作曲家及小提琴演奏家克萊斯勒（Fritz Kreisler）談論音樂，但沒辦法，他堅持要我幫他出主意，因為他最大的問題是該繼續持股，還是把所有股票脫手。他認為對證券交易所中出現的不和諧音，我的耳朵肯定比他的靈敏。可是和我相比，他擁有更大的優勢，因為到了晚上，他就可以把白天在股市的損失用小提琴「拉回來」。

戰後，我曾經非常幸運，在瑞士遇到我崇拜的偶像理查・史特勞斯，並成為他的朋友。我們經常坐在蘇黎世附近巴登（Baden）的維瑞納園（Verenahof）一起吃飯，我熱切聽著大師關於音樂的每一句話，但都白費力氣，大家只談錢，他的妻子寶琳娜（Pauline）只想知道股票交易的所有事情。

我的身邊充滿多數人對證券交易所有興趣的故事。好朋友亞若斯（Janos H.）來自布達佩斯，是我在法國里維拉（Riviera，譯註：即法國的蔚藍海岸）寓所的常客，他是個極有文化修養的人，尤其精通法國文學。我想讓他感到賓至如歸，於是邀請我的朋友也是鄰居，法國作家及龔固爾獎得主，同時也是美國的法國文學教授M・C・到家中作客。

事實上，我原本想在法國人面前炫耀我的匈牙利朋友，我想向他說明，即使在共產主義的匈牙利，大家也很了解法國文學發展的最新動態。為此，我的朋友亞若斯整天忙著為文學上的交流而準備。遺憾的是，談話內容並沒有按照預定計畫成為純文學的討論，因為嘉賓們一直用關於電子業、石油債券、黃金價格和貨幣市場的問題，向我狂轟濫炸，我可憐的朋友亞若斯幾乎插不上話，他難過地坐在桌子旁，精心策畫的文學午餐失敗了。

我已經接受了我的「光環」，所以我也提醒所有好客的女士們，如果招待藝術家、作家或其他文藝愛好者時，就不要邀請我，因為只要有我在場都會破壞氣氛。

對證券交易所的愛

某些投機者迷戀股市，認為其他事情都沒意義，真是令人惋惜，因為他們忽略了許多東西。如果不能享受美食、美酒、美女，當然還有音樂，生活將是多麼單調呀！

迷戀股市，不僅令人遺憾，也非常危險。我有一位朋友，住在維也納，但他也能在世界任何其他城市生活，前提條件是要有證券交易所、傳真和電話。這位隱居者的辦公室被傳真、企業年度報告、指數表單和各種金融雜誌填滿了。只有當他賺錢時，臉上才會露出一絲爽朗的笑容。

對他來說，除了掛在牆上的圖表和腦中的數字外，其他一切東西都無關緊要，甚至他的時間也完全由股市決定、分配。他目不斜視，邁著大步從街頭走過，察覺不到任何事情。他不看櫥窗裡的皮草，不看珠寶店裡的鑽石項鍊，更不看招徠眾人度假海報上的漂亮女郎。他像匹戴著眼罩的賽馬，永遠只看著一件東西：證券交易所。天氣也許下雨、打雷、出太陽，對他而言，只有一種氣候至關重要，那就是證券交易所的氣候。他一路小跑，為了在第一聲鈴響前趕到證券交易所，而收盤時響起的第二聲鈴響，對他來說就像喪鐘。

當他回到家時，仍繼續延長他的享受，透過傳真和電話，他又和國外的證券市場連接起來，股票、債券、外匯、原料，這就是他生活的世界，他相信自己在這個世界裡是快樂的。

正如大家所說，他對投機上癮，一切都和投機有關，一切都以投機為結果。當他刮鬍子時，他想著「吉列」（Gillette）；當他打字時，他用「雷明頓」（Remington）的打字機；當他想提神時，他要「可口可樂」。對他來說，日常生活中的每一樣東西，都是證券交易所中的股票，他襯衫上的棉花，領帶上的絲綢，咖啡裡的糖，都是可以用來投機的原物料。關於春天，他除了巴黎證券交易所裡同名的春天百貨（Au Printemps）股票行情外，一無所知，而關於蒙地卡羅，他只知道「摩納哥海濱浴場公司」的股票。

一天早晨，他帶著比平常更大的衝勁趕往交易所，收音機裡傳出有關他做空的公司的不利消息。對他來說，卻是個好消息，他感到高興，並不是因為獲利，而是因為滿足。他一步四個台階，匆匆跑上交易所樓梯，已經聽到行情下跌的樂聲，他的耳朵不是用來欣賞莫札特或巴哈的，但卻能準確無誤的分辨出上漲時的大調和下跌時的小調。

但接下來卻發生了預料不到的事。「這梯子是幹什麼用的？我可不想向命運挑戰，從梯子下面鑽過去！」

隨著話語聲落，他被嚇了一跳，彷彿胸口挨了重重一拳。梯子上，一位金髮少女正對他微笑，他站在那裡，看著她，從頭到腳端詳著她。

「這真是胡鬧，我簡直瘋了，」他想：「她不是在向我微笑吧？」

隨後，他消失在交易大廳裡。

但那微笑一直緊緊跟著他，幾乎沒注意到對他來說極佳的盤勢，他的手有些顫抖，聽不到同事的祝賀，那奇怪的微笑一直都在。他相信可以從左邊、右邊、從任何地方，既肯定又疑惑地看到這個微笑。終於，開盤的鐘聲響起。

這一天，交易所的交易時間似乎無止無盡。他想會不會在出去的時候，再次見到她呢？不，她不在那裡，連梯子也不在那裡，他覺得一切彷彿是場夢。走到街上，他的步伐變慢了，突然間，每一件東西都有了意義，在櫥窗裡的模特兒身上，他認出了金髮女孩。鑽石圍繞著笑靨翩翩起舞，那是少女的笑靨，海報上，同樣的笑靨邀他去旅行。

回到家裡，電話鈴響了，但他沒有拿起話筒，傳真機啪啪作響，但他沒有起身去看。這天晚上，從他家裡發出去的電報很少，而收到的電報，他根本沒有打開。他沒去看國外交易所的收盤價，紐約、芝加哥、布宜諾斯艾利斯，對他來說都不復存在。

當夜晚降臨時，他無法入睡，眼前閃過一幕幕的生活，沒有微笑的乏味日子，充滿冒險，但只是投機冒險，沒有人在場。直到天亮，他才回過神來，沉浸在荒唐的想法中，也許他會再見到她，一切都會改變。時間似乎靜止了，他極不耐煩地等著去交易所的時間，但少女並不在那裡。他很失望，他的同事注意到，這是他股票經紀人生涯中第一次忙著股價以外的事。收盤的鐘聲一響起，他便緊張且心不在焉地離開了。

她在那裡，在她父親待的門房小屋裡。透過開著的窗戶，他看到她正站在鏡子前梳理她那金黃色的長髮。突然之間，他們的目光交織在一起，燃起一絲火花，他好像對她說：「等著我！」而她回答：「好！」

在回家的路上，他經歷到一場真實的戲劇，到家時，他已做出決定，刻不容緩開始工作，連續好幾天，他發出電報，下訂單，但這一次，不是為了開始新的投機。相反地，他解除所有交易，補倉空頭部位，賣掉買進的部位。一個星期後，他結清所有業務，然後到國外旅行，拜訪生意上的朋友，結清帳戶，收進款項，取消帳戶，最後徹底結算。

在旅行的最後一個晚上，他終於結清帳戶，收拾好行李，拿出回程車票。現在他可以開始真正的生活了，他要把錢存在儲蓄銀行，再也不去想證券交易所。他還要再去一次交易所，但只是在門房那裡待一會兒，他會牽起少女的手，帶她一起離開，然後像童話那樣，他們將永遠快樂地生活在一起，他夢想著……

「終於找到你了！一星期以來，我四處打電話找你！」

原來是他的一位老朋友，一位經紀人和投機者，碰巧和他乘坐同班火車。

「你想像一下，」那個人繼續說：「我發現了一個世紀性的投機，一件非比尋常的事。」

「我對這已不感興趣了，我退出證券交易所了。」

「你瘋了嗎？這笑話真不高明。我可不想浪費時間。你聽著，事情是這樣的……」

「沒用的。我剛才已經說過了，我已經放棄一切，我對投機已經厭煩了。」

「但你聽聽，你馬上就會看到……」

他試圖抗議，但那個人已滔滔不絕的說了起來。

「大家應該在紐約交易所裡買進皮貨，這絕對有把握，雖然行情已經漲了，但還在漲，而且還會漲很多。俄國人正在大量買進，有多少，他們就買多少，他們把所有的皮貨搶購一空。大家在全世界所有市場，在阿根廷、加拿大碰到他們。他們造成皮貨短缺，德國的鞋廠已因皮革短缺，不得不停工了。」

那位經紀人愈說愈興奮，他是那種能夠被某個想法刺激，然後一吐為快，並把自己的激動感染給別人的那種人。

「你聽明白我的話了嗎？」他繼續說：「皮貨的價格變化和其他原物料沒有任何關係。皮貨只是一種副產品，大家不是因為要皮貨才殺牛的，而是為了吃肉。通常情況下，當某種原物料的價格上漲時，才會刺激生產，例如銅的開採就是這樣，幾年前，當價格上漲時，大家便重新開採停產的銅礦。但皮革絕不是這種情況，皮革的價格可能會漲上天，因為只要肉的消費量維持不變，屠戶就不會宰殺更多的動物。目前肉品的消費甚至會減少，因為素食者人數日益增加，所以皮革大量增產的前景，微乎其微。

「但另一方面，我們又發現什麼呢？大量增加的皮革消費。俄國人以成噸的魚子醬和堪察加蝦出口換來的外匯幹什麼？他們買皮貨，所有能得到的，他們都買。因為他們的士兵用的包括靴子、鞋底、皮帶、子彈匣，都是皮做的，還有其他國家士兵冬天穿的靴子，夏天穿的靴子，必須從頭武裝到腳的軍隊。有多少低度發展的國家還沒有鞋子？還有八億三千萬的中國人？你算算這是多大的數字呀！

「在今天這樣的國際緊張局勢下，親愛的朋友，必須投機皮貨。只要世界上某個地方有火藥味，就需要皮貨。」

「我絲毫不否認這點，你說得對，但是我再重複一次，我退出這行了。」

「好吧，我不想逼你，但如果你的想法變了，這是我的電話號碼。」

說完這些話，他們就分手了。我的朋友在臥鋪車廂裡度過可怕的一夜。直到天將破曉，他一直輾轉反側著，他夢到靴子、中國牛、發育不良的素食者，夢到子彈匣、殺雞的屠夫、俄羅斯的靴子底，然後他又看到站在梯子頂端的金髮少女。

他立即匆匆趕回家，他的住所看上去和平日完全不同，牆上不再有統計數字，也沒有記錄指數的紙條，沒有傳真，一切都在他旅行前被取走了。當他刮鬍子時，他不再想到吉列公司的股票，穿衣服時，也不再考慮羊毛價格，他繫上領帶，並沒有考慮絲綢的報價。該開始新的生活了，生平第一次，他在鏡子裡端詳自己，幾條皺紋，滿臉疲憊。他開始思考，和鏡子裡的自己對話。

「你真是瘋了，你不可能一下子拋棄一切。人的本性不是那麼容易改變的，大家不可能像脫襯衫一樣輕易擺脫掉。」

他還沒有完全想清楚，就習慣性的走到電話前，撥起經紀人的電話號碼。

「請你為我在紐約交易市場隨時買進 X 數量的皮革期貨合約。」

這份訂單金額龐大，他不得不把準備存在儲蓄銀行的全部款項作為保證金。

他靜靜坐到書桌前，重操舊業，電報發出去，傳真機重新安裝起來，啪啪響個不停。隨著這筆皮革期貨交易，他又開始每天去證券交易所。他很高興沒有錯過這次機會，並開始計算將來可能獲得的利潤。他再也沒有朝門房的小屋看一眼，他害怕自己會失控。他再度成為早晨第一個來、晚上最後一個離開的人，而且總是坐在巨大的交易大廳角落他習慣坐的座位上。

皮貨後來的情況如何呢？艾森豪總統邀請赫魯雪夫到美國進行訪問，這是全面和解的序幕，和平共存和裁軍成為時代的潮流。大家努力忘掉靴子和子彈匣，皮革價格猛跌，我的朋友失去全部財產。事情就這樣發生了，和平的世界局勢懲罰了這場未完成的羅曼史主角。

我在這次事件中也損失了一些錢，我也無法抵禦「完美無缺」的論證和成功的誘惑。

當我寫完這個真實的故事後，我讀給故事的主角、我的朋友聽。他專心聽著，點頭同意，不動聲色，最後意味深長地說道：「很有意思，安德烈，但我要告訴你，現在必須買進豬肚！」

不把我早在多年前就列出來的十律和十戒告訴大家，我是不會和讀者告別的。大家在進場和出場，或決定繼續留在證券市場前，如果能夠遵守這些原則，必定可以省下幾分錢的學費。

十律

一、要有想法，三思後再行動：是否應該買進，如果是，在哪裡，什麼產業，哪個國家？

二、要有足夠的資金，以免遭受壓力。

三、要有耐心，因為首先，任何事情的結果都不同，其次，和你想的不同。
四、如果相信自己的判斷，便必須固執。
五、要靈活，並時刻考慮到想法中可能有錯誤。
六、如果看到出現新的局面，應該賣出。
七、不時查看購買的股票清單，並檢查你現在會買哪些股票。
八、只有看到很大的發展前景時，才可買進。
九、考慮所有風險，甚至是最不可能出現的風險，也就是說，要時刻想到不確定的因素。
十、即使事實證明自己是對的，也要保持謙遜。

十戒

一、不要跟著建議跑，不要想能聽到秘密訊息。
二、不要相信賣主知道他們為什麼要賣，或買主知道自己為什麼要買，也就是說，不要相信他們知道的比自己多。

三、不要想把賠掉的再賺回來。

四、不要考慮過去的股價。

五、不要躺在有價證券上睡大覺，不要因期望達到更佳的行情而忘掉它們，也就是說，不要不做決定。

六、不要不斷觀察行情的細微變化，不要對任何風吹草動做出反應。

七、不要不斷盤點目前的獲利或虧損狀況。

八、不要只想獲利就賣掉股票。

九、不要受政治好惡的情緒影響。

十、獲利時，不要變得驕傲自大。

國家圖書館出版品預行編目(CIP)資料

一個投機者的告白 / 安德烈・科斯托蘭尼（André Kostolany）著；唐峋譯. -- 四版. -- 臺北市：城邦文化事業股份有限公司商業周刊, 2024.09
面； 公分
譯自：Die Kunst über Geld nachzudenken.
ISBN 978-626-7492-40-6(平裝)

1.CST: 科斯托蘭尼(Kostolany, Andre) 2.CST: 傳記
3.CST: 投資

563.68 113012038

一個投機者的告白

作者	安德烈・科斯托蘭尼（André Kostolany）
譯者	唐峋
商周集團執行長	郭奕伶

商業周刊出版部

責任編輯	羅惠萍（修訂版）、林雲
封面設計	bert
內頁排版	林婕瀅
校對	呂佳真
出版發行	城邦文化事業股份有限公司 - 商業周刊
地址	115台北市南港區昆陽街16號6樓 電話：（02）2505-6789　傳真：（02）2503-6399
讀者服務專線	（02）2510-8888
商周集團網站服務信箱	mailbox@bwnet.com.tw
劃撥帳號	50003033
戶名	英屬蓋曼群島商家庭傳媒股份有限公司城邦分公司
網站	www.businessweekly.com.tw
香港發行所	城邦（香港）出版集團有限公司 香港灣仔駱克道193號東超商業中心1樓 電話：（852）25086231 傳真：（852）25789337 E-mail：hkcite@biznetvigator.com
製版印刷	中原造像股份有限公司
總經銷	聯合發行股份有限公司 電話：（02）2917-8022
初版1刷	2010年12月
修訂版1刷	2014年9月
增修版1刷	2018年2月
四版1刷	2024年9月
定價	台幣380元
ISBN	978-626-7492-40-6（平裝）
EISBN	9786267492314（PDF） 9786267492321（EPUB）

紅沙龍

Try not to become a man of success but rather to become a man of value.
~Albert Einstein (1879 - 1955)

毋須做成功之士，寧做有價值的人。—— 科學家　亞伯・愛因斯坦